AF566436

100 Musik Spiele

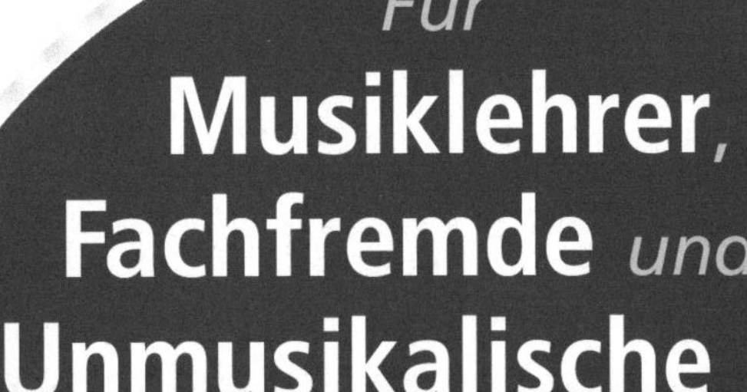

Für **Musiklehrer, Fachfremde** *und* **Unmusikalische**

Verlag an der Ruhr

Impressum

Titel der deutschen Ausgabe
100 Musikspiele
Für Musiklehrer, Fachfremde und Unmusikalische

Titel der niederländischen Originalausgabe
100 nieuwe muziekspelen

© der niederländischen Originalausgabe
Uitgeverij Panta Rhei, Katwijk aan Zee, Holland

Autor
Ger Storms

Titelbildmotiv
© balabolka – Fotolia.com

Illustrationen
Rahmenlayout, Schmuckillustrationen:
© balabolka – Fotolia.com
wenn nicht anders angegeben: © Jos Hoenen

Übersetzung
Gabriele Steinbach

Gestaltung, Layout und Satz
ebene N, Mülheim an der Ruhr

Druck
Heenemann GmbH & Co. KG, Berlin, DE

Bearbeitung für Deutschland

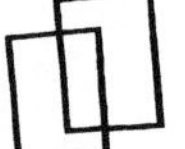

Verlag an der Ruhr
Mülheim an der Ruhr
www.verlagruhr.de

Geeignet für die Klassen 1–10

© der deutschen Ausgabe
Verlag an der Ruhr 2018, Nachdruck 2024
ISBN 978-3-8346-3886-1

Urheberrechtlicher Hinweis
Das Werk und seine Teile sind urheberrechtlich geschützt. Jede Verwendung in anderen als den gesetzlich zugelassenen Fällen oder außerhalb dieser Bedingungen bedarf der vorherigen schriftlichen Einwilligung des Verlages. Im Werk vorhandene Kopiervorlagen dürfen vervielfältigt werden, allerdings nur für Schüler*innen der eigenen Klasse/des eigenen Kurses. Die dazu notwendigen Informationen (Buchtitel, Verlag und Autor) haben wir für Sie als Service bereits mit eingedruckt. Diese Angaben dürfen weder verändert noch entfernt werden. Die Weitergabe von Kopiervorlagen oder Kopien (auch von Ihnen veränderte) an Kolleg*innen, Eltern oder Schüler*innen anderer Klassen/Kurse ist nicht gestattet.
Der Verlag untersagt ausdrücklich das Herstellen von digitalen Kopien, das digitale Speichern und Zurverfügungstellen dieser Materialien in Netzwerken (das gilt auch für Intranets von Schulen und sonstigen Bildungseinrichtungen), per E-Mail, Internet oder sonstigen elektronischen Medien außerhalb der gesetzlichen Grenzen. Kein Verleih. Keine gewerbliche Nutzung.
Näheres zu unseren Lizenzbedingungen können Sie unter www.verlagruhr.de/lizenzbedingungen/ nachlesen.

Bitte beachten Sie zusätzlich die Informationen unter www.schulbuchkopie.de.

Trotz sorgfältiger inhaltlicher Kontrolle kann keine Haftung für die Inhalte externer Seiten, auf die mittels eines Links verwiesen wird, übernommen werden. Für den Inhalt der verlinkten Seiten sind ausschließlich deren Betreiber verantwortlich.

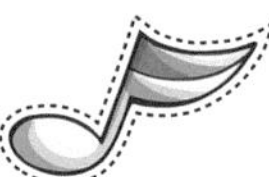

Inhaltsverzeichnis

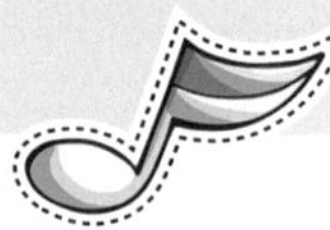

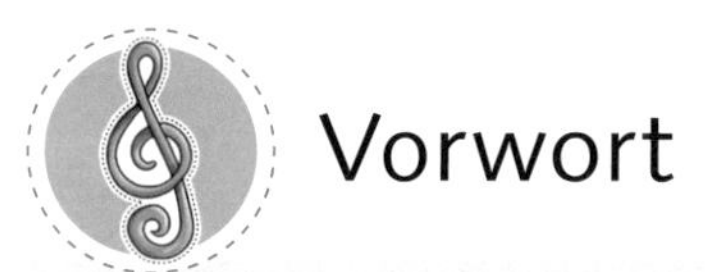

Vorwort

Dieses Buch enthält 100 Spielideen mit Musik, Geräuschen und Tanz und ist in zehn Kategorien eingeteilt. Neben den bekannten Kategorien wie Hör-, Konzentrations- und Ausdrucksspielen enthält dieses Buch auch Spielformen, die in erster Linie zu dem Gebiet der musikalischen Entwicklung gerechnet werden können, wie Klangspiele, Rhythmusspiele, Spielprojekte sowie Karten- und Brettspiele. Bei allen Spielen geht es um eine Kombination von sozialen, kreativen und musikalischen Elementen.

Für die Durchführung brauchen Sie keine spezielle musikalische Ausbildung oder Fähigkeit, allerdings ist ein wenig Erfahrung in der Arbeit mit Gruppen sicherlich sehr hilfreich.
Diese Spiele sind ausschließlich für Gruppen geeignet. Sie können gut mit ca. 30 Schülern gespielt werden. Nur bei wenigen Spielen ist eine kleinere Anzahl von Teilnehmern erforderlich. In der Beschreibung wird darauf hingewiesen.

Viele dieser Spiele wurden während verschiedener Musikkurse erprobt und entwickelt: kreative Musikwochen und Weiterbildungen für Grundschullehrer*, Musikdozenten und kreative Therapeuten. Einige Spiele sind eine Weiterentwicklung und musikalische Variation von bekannten Spielen, manche wurden extra für dieses Buch entworfen.

Die Spielbeschreibungen sind praktisch, konkret und so ausführlich wie möglich. Sie sollten sofort mit dem Spiel beginnen können. Die wichtigsten Voraussetzungen sind die Überzeugung, dass Spiele einen großen pädagogischen Wert haben, eine große Dosis Enthusiasmus und der Mut, mit einer Gruppe neue Formen auszuprobieren, bei denen das Ergebnis nicht schon im Voraus feststeht.

Ger Storms

Katwijk aan Zee

---

* Der Verlag an der Ruhr legt großen Wert auf eine geschlechtergerechte und inklusive Sprache. Seit 2019 nutzen wir daher das Gendersternchen oder neutrale Formulierungen, um alle Menschen unabhängig von Geschlecht oder Geschlechtsidentität einzuschließen. In Texten für Schüler*innen finden sich aus didaktischen Gründen neutrale Begriffe bzw. Doppelformen. Titel, wie dieser, die erstmalig vor 2019 erschienen sind, enthalten noch das generische Maskulinum.

Methodische und didaktische Hinweise

Ziel der Spiele

Alle hier aufgeführten Spiele haben pädagogische Inhalte. Sie sind nicht dafür gedacht, Kinder und Jugendliche einfach nur zu beschäftigen. Mit diesen Spielen können Sie drei wichtigen pädagogischen Zielen gerecht werden:

- Soziales Lernen
- Kreatives Lernen
- Musikalisches Lernen

Bei den meisten Musikspielen werden diese drei Ziele kombiniert, wobei ihre Gewichtung je nach Kategorie unterschiedlich ist. Bei den Spielen mit Geräuschen, den Konzentrationsspielen, den Tanz- und Bewegungsspielen und den interkulturellen Spielen steht das soziale Lernen im Vordergrund. Das musikalische und kreative Lernen steht hier an zweiter Stelle. Bei den Ausdrucksspielen, den Klang- und Rhythmusspielen, den Spielprojekten und den Karten- und Brettspielen steht das musikalische und kreative Lernen an erster Stelle. Hierbei bleibt das soziale Lernen zugunsten fachbezogener Ziele im Hintergrund. Allerdings können innerhalb einer Kategorie die Schwerpunkte auch verschoben sein. Der Spielleiter kann die pädagogischen Inhalte beeinflussen, indem er z. B. den Fokus mehr auf den Prozess und die Nachbesprechung legt (soziales Lernen) oder mehr auf das Resultat, das immer besser wird, je mehr geübt wird (musikalisches Lernen). Zusammengefasst fördern die meisten der hier vorgestellten Spiele sowohl das soziale als auch das kreative und das musikalische Lernen, allerdings in unterschiedlicher Ausprägung. Diese Mischung ist eines der Kriterien für die Auswahl dieser Spiele. Andere Kriterien sind: klare Spielregeln, Spannung, Humor, Herausforderungen, Überraschungen, Zusammenarbeit statt Wettkampf. Es werden keine musikalischen Techniken oder neue Lieder, Musikstücke und Tänze gelernt. Daher ist es bei den Spielen auch nicht wichtig, wie musikalisch die Kinder und Jugendlichen sind oder ob sie bereits ein Instrument spielen. Dennoch werden im Spiel zahlreiche musikalische Fähigkeiten entwickelt, wie z.B. das spontane Singen von Liedern, das Erlernen verschiedener Instrumente, das Ausdenken, Spielen und Erkennen unterschiedlicher Rhythmen, das Strukturieren von Klängen, der Umgang mit grafischen Partituren etc.

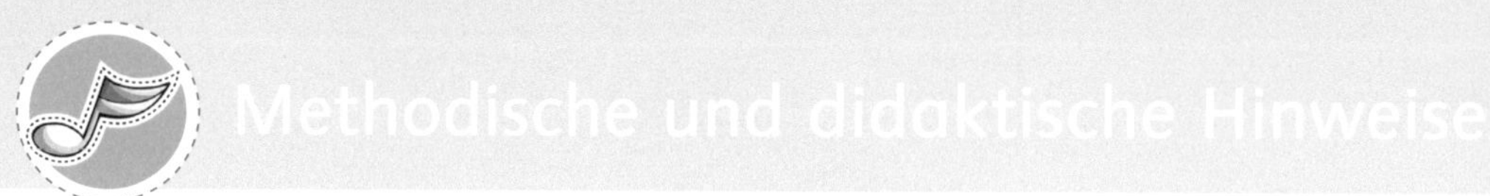

Der pädagogische Wert der Spiele

Die Spiele in diesem Buch sind auch als Gegengewicht zu einem überzogenen Leistungsdenken wertvoll. In unserer heutigen Gesellschaft geht es auch beim Spielen beinahe ausschließlich um das Gewinnen: um die höchste Punktzahl, um die beste individuelle Leistung, um das Besiegen des Gegners. Diesen Wettkampf-Aspekt hat es schon immer gegeben. Er muss aber nicht ausschließlich negativ beurteilt werden, da er die Kinder und Jugendlichen zu besonderen Leistungen anspornen kann.
Der Wettbewerbs-Charakter bringt allerdings zwangsläufig immer auch Verlierer mit sich: die weniger Starken, die weniger Schnellen, die weniger Klugen, die ihren Verlust nicht immer angemessen verarbeiten können.
Außerhalb der Schule werden Kinder und Jugendliche beinahe ausschließlich mit Wettkampfspielen konfrontiert. Darum sollte die Schule den Schwerpunkt auf nicht-wettbewerbsbezogene Spiele legen.

Häufig wird davon ausgegangen, dass der Wettkampf die einzige Motivation für Spiele sei. Für viele Menschen mag dies auch zutreffen: Nur wenn sie etwas gewinnen oder einen Gegner besiegen können, sind sie bereit, an einem Spiel teilzunehmen.
Viele traditionelle, nicht vom Konkurrenz-Charakter geprägte Kinderspiele, wie Kasperletheater, Hüpfspiele oder Seilspringen, werden durch wettbewerbsorientierte Computerspiele und TV-Sendungen verdrängt. Schule und Jugendarbeit haben daher die Aufgabe, den Kindern und Jugendlichen andere Spielformen anzubieten, bei denen es nicht nur um Sieg oder Niederlage geht – Spielformen, die auch spannend sind, bei denen aber intensive Zusammenarbeit oder kollektiver Erfindungsreichtum die wichtigsten Bedingungen sind, damit das Spiel gelingt. Spiele, bei denen es darum geht, einander zuhören, zusammen nachdenken und arbeiten zu können – Eigenschaften, die später im Leben wahrscheinlich viel wichtiger sind, als eine individuelle Leistung zu erbringen.

Obgleich das vorliegende Buch auch einige Wettbewerbsspiele enthält, da manche Gruppen anders nur sehr schwer zu motivieren sind, liegt der Schwerpunkt bei den meisten Spielen eindeutig auf der sozialen Ebene: auf Eigenschaften wie Solidarität, Teambildung,

Zusammenarbeit, Spontaneität, Kreativität und Ideenreichtum. Die Förderung dieser Eigenschaften gehört auch zur Aufgabe der Schule – eine Aufgabe, für die sich besonders die kreativen Fächer wie Musik, Kunst und Darstellendes Spiel ausgezeichnet eignen.

Durch Elemente wie Spaß und Humor spielen störende Faktoren, wie Versagensängste, Konkurrenzdenken, Diskriminierung und Frustration, bei Niederlagen kaum eine Rolle. Ob die oben genannten Ziele auch tatsächlich umgesetzt werden können, hängt wesentlich von der Häufigkeit ab, in der diese Spielformen angeboten werden. Übung macht den Meister!

Für wen sind die Spiele geeignet?

Die Spiele können in allen Schulformen für Schüler zwischen 6 und 16 Jahren eingesetzt werden: in der Grundschule, der Förderschule und der Sekundarstufe 1. Außerdem eignen sie sich sehr gut für die Jugendarbeit, die Arbeit in sozialen Einrichtungen, für kreative Therapieformen und für die musikalische Früherziehung.

Die Grundschule

Die Spiele für ca. 6–10 Jahre sind in der Regel für die Grundschule gedacht. Die Altersangabe zeigt ungefähr an, welche Spiele für welche Klassenstufe geeignet sind. Natürlich können Sie selbst entscheiden, welche Auswahl Sie treffen.
Die Spiele in diesem Buch sollen keine bestehende Unterrichtsmethode ersetzen. Allerdings können sie Methoden ergänzen oder variieren. Falls Sie keine bestimmte Methode verwenden, können die Spiele neben dem Singen von Liedern eine gewisse musikalische Grundausbildung bieten, wenn Sie sie regelmäßig einsetzen.

Die Spiele können Sie methodisch so einsetzen, dass sich ihr pädagogischer Wert deutlich erhöht. Man kann das gleiche Spiel z. B. auf drei verschiedene Arten spielen: Zunächst unter Ihrer Leitung, so wie im Buch beschrieben, dann mit einem Schüler als Moderator und schließlich in einer Variation, die sich die Gruppe selbst ausgedacht hat (z. B. mit einer Klangzeichnung oder Partitur).

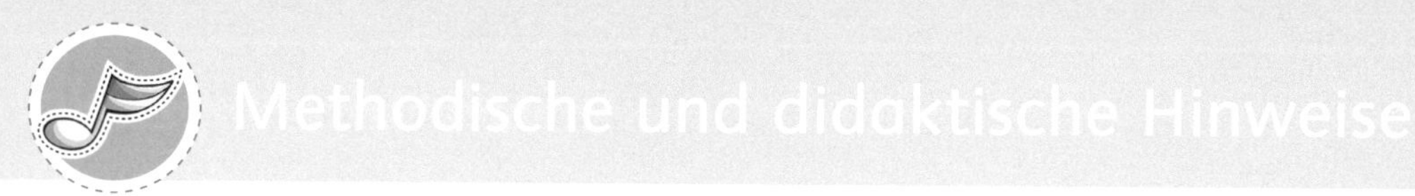

Methodische und didaktische Hinweise

Um die Spiele anleiten zu können, brauchen Sie keinerlei musikalische Vorkenntnisse. Für die Spiele werden häufig einfache Musik- oder Rhythmusinstrumente benötigt, die in den meisten Schulen vorhanden sind.

Weiterführende Schulen

Die Spiele für ca. 10–16 Jahre können Sie im Musikunterricht der Sekundarstufe 1 einsetzen. Auch hier können und sollen die Spiele keine Methode ersetzen. Sie können allerdings einen wichtigen Beitrag zur Realisierung der elementaren Zielsetzungen des Musikunterrichts leisten, wenn sie regelmäßig in den Unterricht integriert werden. Eines dieser Ziele besteht darin, das selbstständige Arbeiten der Schüler zu fördern. Dafür sind die Spiele in diesem Buch besonders gut geeignet, da sie die Eigeninitiative der Jugendlichen stimulieren.

Vor allem die Spiele, die Kreativität erfordern, verlangen von den Schülern Mut, Spontaneität und Erfindungsgeist und bieten ihnen die Möglichkeit, etwas zu präsentieren, das sie sich selbst ausgedacht und erarbeitet haben. Und da dies alles spielerisch und in einem sicheren Umfeld geschieht, spielen störende Faktoren wie Versagensängste, Konkurrenzdenken und Diskriminierung kaum eine Rolle.

Soziokulturelle Arbeit und Jugendarbeit

Natürlich sind insbesondere diejenigen Spiele, bei denen der Schwerpunkt auf dem sozialen Lernen liegt, ideal für den Einsatz in der soziokulturellen Arbeit und der Jugendarbeit geeignet. Denn hier geht es nicht darum, musikalische Werte zu vermitteln. Je nach Altersstufe der Gruppen können Sie eine Auswahl aus Hörspielen, den Konzentrationsspielen, Tanz- und Bewegungsspielen, Entspannungsspielen, interkulturellen Spielen und Spielprojekten treffen. Diese können an Spielnachmittagen, in Feriencamps, in der Jugendarbeit und für kreative Aktivitäten mit Pfadfindern usw. eingesetzt werden.

Sozialtherapeutisches Arbeiten und kreative Therapie

Vor allem die einfacheren Spiele, bei denen der Schwerpunkt auf dem sozialen Lernen liegt, eignen sich hervorragend für die Arbeit mit geistig und körperlich Behinderten wie auch für die kreative Therapie. Es werden keine strengen Normen aufgestellt, die die Kinder und Jugendlichen erfüllen müssen, sodass diese unabhängig von ihrem Entwicklungsstand viel Spaß mit den Spielen haben. Hierfür eignen sich besonders die Hörspiele, die Konzentrationsspiele, die Ausdrucksspiele und die Klangspiele für die jüngsten Kinder. Natürlich können Sie die Spiele noch weiter vereinen, um sie an die jeweilige Zielgruppe anzupassen.

Hinweise für den Spielleiter

Die Rolle des Spielleiters

Obwohl sich die hier vorgestellten Spiele durch ihre Einfachheit auszeichnen und von jedem gespielt werden können, darf die Rolle des Spielleiters nicht unterschätzt werden. Er ist zugleich Organisator, Beobachter, Animateur und Schiedsrichter.
Auf folgende Punkte sollten Sie als Spielleiter besonders achten:

- Legen Sie das **Material**, das für das Spiel benötigt wird, vorher bereit (Instrumente, Musikanlage, CDs, Zettel, Kärtchen oder Zeichnungen an der Tafel).
- Bereiten Sie den **Raum** vor. (Müssen die Stühle zur Seite geräumt oder in einem Kreis aufgestellt werden? Ist genug Raum für ein Bewegungsspiel? Ist der Boden sauber genug, damit man sich evtl. hinlegen kann?)
- Erklären Sie die **Spielregeln** kurz und deutlich und mit ruhiger Stimme. Es ist motivierend, wenn währenddessen das Beispiel eines möglichen Spielverlaufes durch zuvor ausgewählte Schüler dargestellt wird.
- Das Allerwichtigste ist die **Begeisterung** des Spielleiters. Zeigen Sie, dass Sie selbst das Spiel toll finden. Unterstützen Sie die Kinder und Jugendlichen regelmäßig und feuern Sie sie an.
- Wenn nötig, müssen Sie auch als **Schiedsrichter** fungieren und ein Spiel sofort stoppen, wenn es aus dem Ruder läuft. (Was geschieht, wenn jemand sich nicht an die Spielregeln hält?)

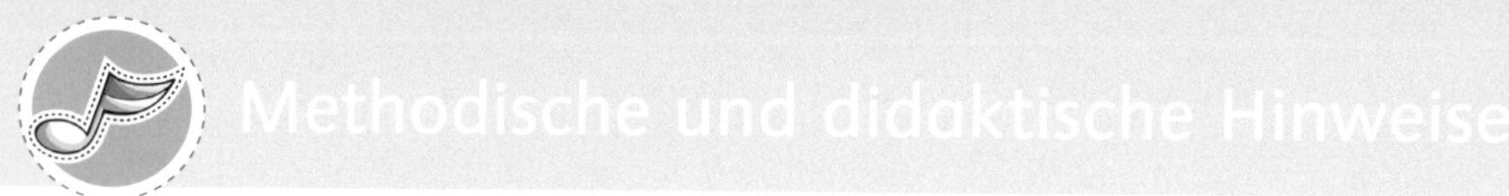

- Halten Sie immer noch ein **anderes Spiel in Reserve**, falls ein Spiel nicht zu einer Gruppe passt oder nicht funktioniert.
- **Nicht jedes Spiel ist für jede Gruppe geeignet:** Eine sehr lebendige Gruppe kann z. B. nicht „gezwungen" werden, bei einem Entspannungsspiel mitzumachen – das funktioniert nicht. Nur wenn eine solche Gruppe sich besprochen und einstimmig beschlossen hat, ein solches Spiel auszuprobieren, kann man es machen.
- Bei manchen Spielen wird es sehr **laut**: Beobachten Sie, ob es nicht für manche Kinder zu viel wird, und wählen Sie ggf. ein etwas ruhigeres Spiel aus.
- **Leiten Sie das Spiel zunächst selbst an**. Wenn es gut läuft, kann ein Schüler diese Rolle übernehmen. Das ist sehr zu empfehlen, da sich der Bezug zu dem Spiel dadurch deutlich vergrößert und sich viele Spiele dafür ausgezeichnet eignen.
- Wenn Sie während des Spieles mehrere Aufgaben gleichzeitig haben, ist es besser, wenn **Sie selbst nicht mitspielen**. Nur wenn das Spiel gut und autonom funktioniert, können Sie auch mitspielen. Es kann für die Teilnehmer sehr schön sein, wenn der Erwachsene auf ebenbürtigem Niveau erlebt wird.
- Während des Spiels sollten Sie **die Gruppe genau beobachten**, damit Sie immer ein neutrales Urteil über den Verlauf fällen können.
- Bei der **Nachbesprechung** des Spiels sollte zunächst alles genannt werden, was gut gelaufen ist, und es sollten die schönen und originellen Ideen im Vordergrund stehen. Über jedes Resultat kann etwas Positives gesagt werden. Jeder Schüler sollte gelobt werden, ohne mit den anderen verglichen zu werden. Dadurch sollen die Kinder motiviert werden, beim nächsten Spiel noch mehr Engagement zu zeigen.

Über die Spielregeln

- Mit einem Spiel sollte nur dann begonnen werden, wenn alle Teilnehmer die **Regeln gehört und verstanden** haben.
- Jeder sollte **auf seinem Platz** sein, im Kreis sitzen oder stehen, bevor Sie beginnen, die Regeln zu erläutern.

- Die Erklärungen sollten **nicht durch Fragen oder Bemerkungen unterbrochen** werden. Erst zum Schluss sollte die Gelegenheit dazu da sein.
- Es ist möglich, dass sich während des Spiels zeigt, dass eine Regel nicht gut funktioniert. Die Spielregeln können **flexibel angepasst** werden.
- Seien Sie für eventuelle **Ideen der Spieler und Anpassungen an die Spielregeln** offen und nehmen Sie sie gern auf, wenn sie den Spielverlauf verbessern, da sie ja eine kreative Ergänzung sind. Das Ziel des Spieles darf dabei allerdings nicht beeinträchtigt werden oder zu ungleichen Vorteilen innerhalb der Gruppe führen.
- Die hier aufgeführten Spiele können Sie auch als Inspirationsquelle nutzen. Bei jedem Spiel sind viele **Variationen** möglich, die Sie an die Bedürfnisse und Umstände der Gruppe anpassen können.

Hinweise zu den Spielen

Die Musikspiele

Dieses Buch enthält 100 Musikspiele, die in zehn Kategorien unterteilt sind. In jeder Kategorie werden zunächst die Kennzeichen und Eigenschaften des Spieltyps genau erklärt. Innerhalb der Kategorie sind die Spiele nicht in einer bestimmten Reihenfolge geordnet. Sie können die Spiele frei wählen.

Die Instrumente

Für die Ausführung der meisten Spiele sind einfache Musikinstrumente nötig. Damit sind die sog. Orff-Instrumente gemeint: Glockenspiel, Metallophon, Xylophon, Handtrommel, Tamburin, Schellenstab, Holzblock, Rohrtrommel, Triangel, Klangstab, Sambaball, Clave etc. Im besten Fall gibt es für jeden Schüler in der Klasse ein Instrument, aber für die meisten Spiele ist dies nicht unbedingt nötig. Es gibt auch viele Spiele, bei denen nur einige Instrumente gleichzeitig eingesetzt werden. Die Anzahl der nötigen Instrumente sowie weitere erforderliche Materialien werden bei jedem Spiel extra angegeben.

Methodische und didaktische Hinweise

Die Lieder

Bei manchen Spielen werden Lieder eingesetzt. Es werden z. B. Klänge oder Wortteile zur Melodie eines bekannten Liedes geklatscht, gesungen oder gespielt. Meistens werden dazu Beispiele von bekannten alten Kinderliedern gegeben, wie „Bruder Jakob“, „Hänschen klein“ oder „Alle meine Entchen“. Es ist aber nicht wichtig, genau **diese** Lieder zu nehmen. Sie können sie jederzeit durch ein anderes oder modernes Lied ersetzen, wenn dies besser zu der jeweiligen Gruppe passt. Oft geht es auch nur um die Melodie oder den Rhythmus und man braucht nicht den ganzen Text zu kennen.

Die Musik

Das Gleiche gilt für die Musikvorschläge, die bei den Tanz- und Bewegungsspielen und den Entspannungsspielen genannt werden. Es sind meistens Vorschläge für einen bestimmten Stil, ein Genre oder eine Musikrichtung. Oft wird das Tempo mit angegeben. Sie können so die passende Musik selbst wählen. Die aktuellen Hits sollten Sie besser vermeiden, da die Schüler sonst beim Bewegen in bestimmte Klischees oder Rollen fallen. Besser ist oft ein „Oldie“ oder ein schönes Stück aus der klassischen Musik. Die Kinder und Jugendlichen müssen das Stück nicht kennen. Die Musik soll zu einem kreativen Tanzspiel oder zu einer fantasievollen Zeichnung inspirieren.

Die zehn schönsten Spiele

Hier die zehn besten Spiele, ausgewählt anhand meiner persönlichen Erfahrungen:

1. Silbensinfonie *(Hörspiele)*
2. Lebendiges Memo *(Hörspiele)*
3. Geräusche nach Zahlen *(Konzentrationsspiel)*
4. Der klingende Raum *(Ausdrucksspiel)*
5. Der geheime Rhythmus *(Rhythmusspiel)*
6. Der Klangbaum *(Klangspiel)*
7. Kopf sucht Bauch *(Entspannungsspiel)*
8. Der Auto-Tanz *(Tanz- und Bewegungsspiel)*
9. Zirkusprojekt *(Spielprojekt)*
10. Der Multikulturelle Kreistanz *(Interkulturelles Spiel)*

Die Instrumente

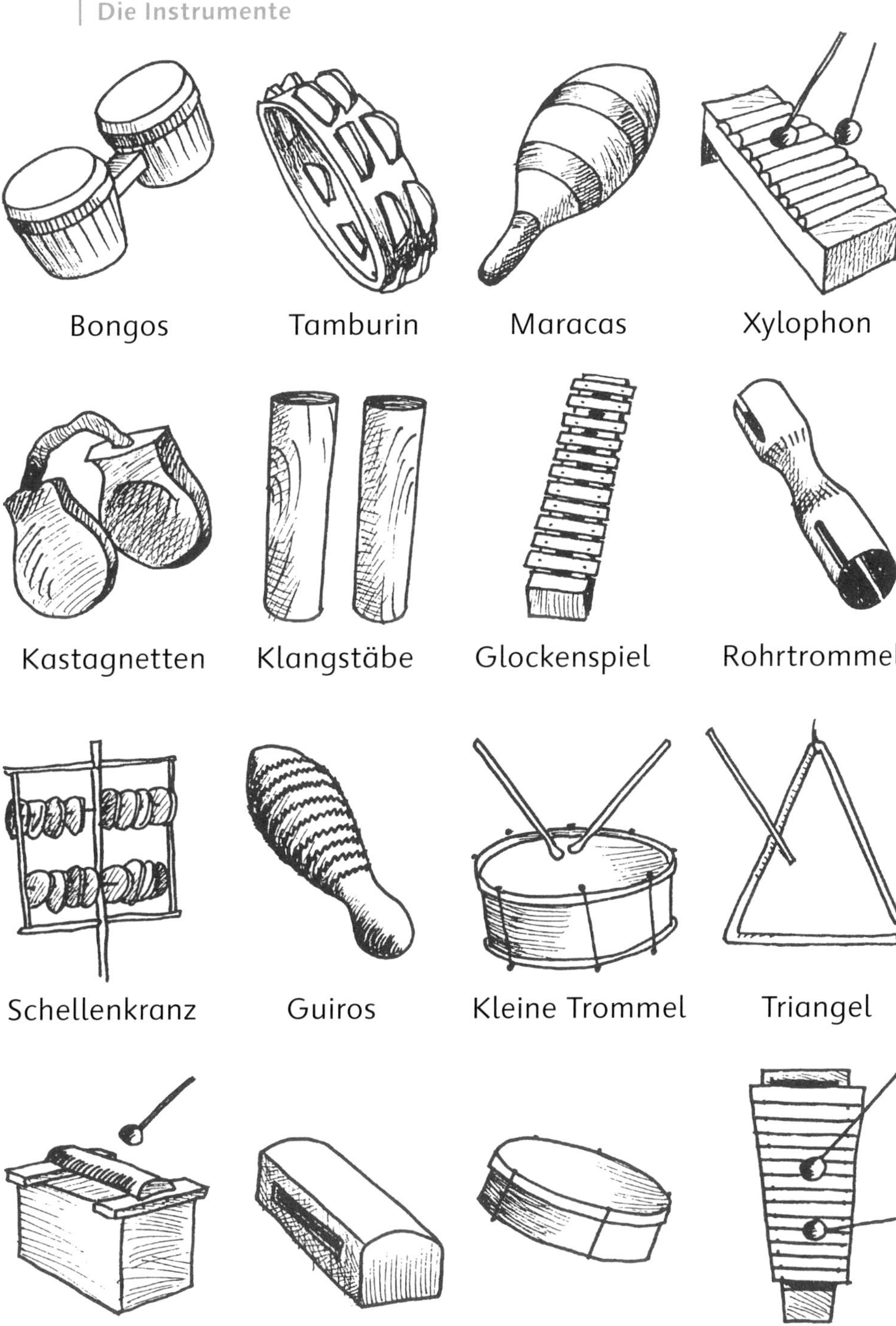

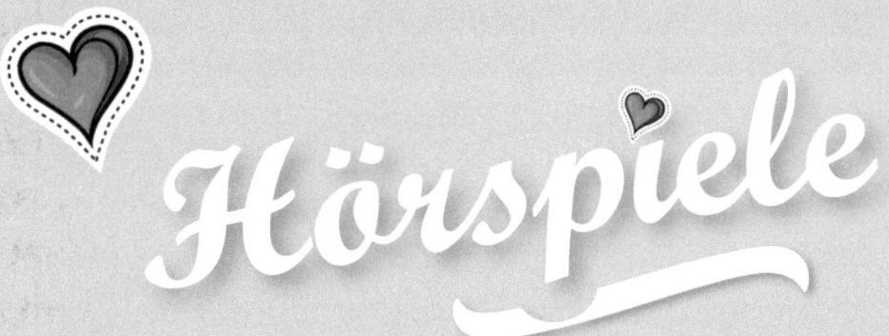

Die Fähigkeit, zuzuhören und sich zu konzentrieren, ist eine absolute Voraussetzung für jeden Lernprozess. Die Entwicklung dieser beiden Fähigkeiten ist der erste Schritt auf dem Weg zu sozialem, kreativem und musikalischem Lernen. Darum werden in diesem Buch viele Hör- und Konzentrationsspiele vorgestellt.
Das Niveau der Spiele ist unterschiedlich: Manche sind sehr einfach und fördern das Erkennen von Geräuschen. Sie sind vor allem für den Einstieg gedacht.
Andere Spiele sind anspruchsvoller, wenn musikalische Eigenschaften (z. B. bei dem Spiel „Wer von den Dreien?“) unterschieden werden sollen.
Wenn sie öfter geübt werden, gelingen sie den Schülern immer besser und sind ein wichtiger Beitrag zur Gehörbildung.

Hinweise

- Bei den einfachen Spielen geht es um das Erkennen und/oder Imitieren von Geräuschen und Klängen.
- Bei den schwierigeren Spielen geht es um musikalische Parameter wie Tonhöhe, Tondauer, Klangfarbe, Tempo etc.
- Es sind keine Hörübungen; es sind in erster Linie Übungen, bei denen reagiert werden muss, bei denen etwas nachgeahmt oder jemand gefangen wird und bei denen das gezielte Hören die wichtigste Voraussetzung für den Verlauf des Spieles darstellt.

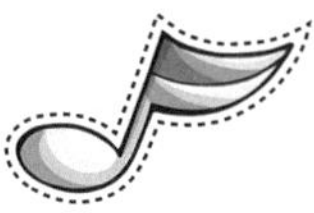

1

Wer von den dreien?

Alter | alle Altersgruppen
Material | einige Melodie-Instrumente, Trommel
Dauer | 10–20 Minuten

Spielen Sie immer drei Klänge vor, von denen einer immer nicht zu den anderen passt, da zwei Klänge immer die gleiche Eigenschaft haben und der dritte nicht. Diese drei Klänge basieren auf bestimmten musikalischen Eigenschaften wie z. B. Tonhöhe, Tondauer, Klangfarbe, Rhythmus, Melodie, Tempo etc.
Die Schüler müssen raten, welcher der drei Töne nicht zu den anderen passt.

Beispiele
Tonhöhe: Der Spielleiter spielt auf einem Melodie-Instrument zwei hohe Töne und einen tiefen – der tiefe Ton gehört nicht dazu.
Klangfarbe: Zwei Töne auf einem Glockenspiel, einer auf einem Xylophon.
Rhythmus: Zwei gleiche rhythmische Motive und ein anderer Rhythmus, auf einer Trommel gespielt.
Melodie: Zwei fröhliche Lieder und ein trauriges.
Tempo: Zwei schnelle Lieder und ein langsames.

Geräusche-Raten

Alter | alle Altersgruppen
Dauer | 5–10 Minuten

Die Schüler sitzen mit geschlossenen Augen im Kreis. Gehen Sie durch den Raum und machen Sie an drei oder vier verschiedenen Plätzen mit einem festen Gegenstad aus dem Raum ein Geräusch, klopfen Sie z. B. an die Heizung, öffnen und schließen Sie die Gardinen, öffnen Sie einen Schrank oder eine Schublade, schreiben Sie auf der Tafel etc.
Wenn Sie wieder an Ihrem Platz sind, dürfen die Schüler die Augen aufmachen und einer darf die Geräusche in der richtigen Reihenfolge nachmachen.
Dann kann ein anderer Schüler selbst durch den Raum gehen und sich Geräusche ausdenken, die anderen müssen sie erraten.

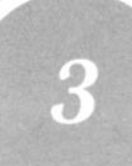

Melodie oder Rhythmus

Alter | 6–8 Jahre
Material | viele Melodie- und Rhythmusinstrumente
Dauer | 5–10 Minuten

Die Gruppe sitzt sich in zwei Reihen gegenüber. Die eine Hälfte hat nur Melodie-Instrumente (oder Klangstäbe), die andere Hälfte hat nur Rhythmusinstrumente. Spielen Sie abwechselnd auf drei verschiedenen Instrumenten:
Wenn Sie auf einem Melodie-Instrument spielen, muss die Reihe mit den Melodie-Instrumenten auch sofort etwas spielen. Wenn ein Schüler mit einem Rhythmusinstrument dabei mitspielt, ist er raus und stellt sich zur Seite.
Wenn Sie auf einem Rhythmusinstrument spielen, muss die Reihe mit den Rhythmusinstrumenten etwas spielen. Spielt ein Melodie-Instrument mit, ist dieser Schüler ebenfalls raus und geht zur Seite.
Wenn Sie ein anderes Instrument spielen (ohne Melodie oder Rhythmus), z. B. ein Becken oder Glöckchen, darf niemand spielen. Wer doch etwas spielt, ist raus. Das Tempo des Spieles kann langsam gesteigert werden.
Das Spiel kann auch ohne Ausschlussverfahren gespielt werden. Die Gruppe kann sich selbst eine Regel ausdenken, was derjenige, der falsch gespielt hat, machen muss.

Tierlaute

Alter | 6–8 Jahre
Material | Tuch
Dauer | 10 Minuten

Die Kinder sitzen in einem Kreis. Ein Kind bekommt die Augen verbunden. Wählen Sie ein Kind aus, das sich in die Mitte stellt und einen Tierlaut macht, z. B. Bellen wie ein Hund, Krähen wie ein Hahn, Brüllen wie ein Löwe etc. Das Kind mit den verbundenen Augen muss nun raten, welches Kind das war. Das Kind macht den Laut so lange, bis es erraten wird. Dann kommt ein anderes Kind an die Reihe und einem anderen Kind werden die Augen verbunden.

5 Silbensinfonie

Alter | 6–10 Jahre
Dauer | 10–15 Minuten

Alle Kinder sitzen in einem Kreis. Ein Kind geht kurz hinaus.
Die Gruppe denkt sich nun ein Wort mit zwei, drei oder vier Silben aus (bei kleineren Kindern beginnt man am besten erst mit zwei Silben, z. B. Sonn-tag. Bei größeren Kindern kann man drei oder vier Silben verwenden, z. B. No-vem-ber oder A-schen-put-tel). Jedes Kind bekommt nun der Reihe nach eine Silbe gesagt, z. B. Kind 1 bekommt „No", Kind 2 „vem" und Kind 3 „ber". Dann singen alle Kinder gleichzeitig ihre Silbe zur Melodie eines bekannten Kinderliedes, z. B. „Alle meine Entchen". Das Kind, das draußen gewartet hat, wird nun hereingeholt und muss herausfinden, welches Wort gesungen wird.
Variation: Anstelle eines Wortes kann auch ein Sprichwort genommen werden, z. B. „Nach Regen folgt Sonnenschein"; jeder Spieler bekommt dann ein ganzes Wort zum Singen.

Der Wolf und das Geißlein

Alter | ab 8 Jahre
Material | zwei Tücher, zwei Instrumente
Dauer | 15–20 Minuten

Die Kinder stehen oder sitzen in einem großen Kreis. Zwei Spieler stellen sich in die Mitte des Kreises und bekommen je ein Instrument, z. B. ein Tamburin und eine Triangel. Sie überlegen sich einen kurzen Rhythmus, den sie darauf spielen wollen. Dann werden ihnen die Augen verbunden. Der Spieler mit dem größeren Instrument ist der Wolf, der andere das Geißlein. Der Wolf muss nun versuchen, das Geißlein zu fangen, indem er es antippt. Da sie sich nicht sehen können, versuchen sie, sich gegenseitig zu hören. Der Wolf muss regelmäßig auf seinem Tamburin spielen und das Geißlein muss mit der Triangel darauf antworten.
Wolf und Geißlein müssen ständig in kleinen Schritten im Kreis herumlaufen. Wenn sie zu nahe an die Kinder, die im Kreis stehen, herankommen, werden sie vorsichtig zurück in den Kreis geschoben. Wenn das Geißlein vom Wolf angetippt wurde, sind zwei andere

Spieler an der Reihe. Wenn es zu lange dauert, bis es gefangen wird, können die Regeln so verändert werden, dass der Wolf nur noch fünfmal spielen darf. Wenn das Geißlein dann noch nicht gefangen wurde, hat es gewonnen.

7 Nachspielen

Alter | 6–10 Jahre
Material | 20 Instrumente mit Schlägeln
Dauer | 20–30 Minuten

Die Kinder sitzen sich zu zweit an Tischen gegenüber. Jedes Kind hat ein Stabinstrument (Glockenspiel, Metallophon oder Xylophon) vor sich stehen. Das Instrument darf für das Kind gegenüber nicht sichtbar sein, es kann z. B. durch ein aufrecht stehendes aufgeschlagenes Buch verdeckt oder auf den Schoß gelegt werden. Die Kinder dürfen nämlich nicht sehen, was das andere Kind spielt.
Bei kleinen Kindern werden zunächst nur die Töne C D E F G benutzt, die anderen Töne werden aus dem Instrument herausgenommen oder abgedeckt. Ein Kind spielt nun einen beliebigen Ton auf seinem Instrument. Das andere Kind muss versuchen, den gleichen Ton auf seinem Instrument nachzuspielen. Es darf immer nur ein Ton gespielt werden, also nicht erst ausprobieren! Wenn der Ton richtig nachgespielt wurde, bekommt das Kind, das richtig nachgespielt hat, einen Punkt (aufschreiben). Danach wechseln die Kinder und das andere kann versuchen, einen Punkt zu bekommen. Dieser Wechsel wird fünfmal gemacht. Wer hat dann fünf Punkte? Das Spiel wird so lange wiederholt, bis jeder fünf Punkte (oder mehr) hat.
Nun kann noch ein Ton dazugenommen werden: das A.
Das Spiel wird nun so lange gespielt, bis jeder sechs Punkte hat.
Dann das Gleiche mit H und C.

Variation:
Man kann auch mit drei Tönen anfangen: C D E.
Ein Kind spielt eine kleine Melodie, die das andere Kind versucht nachzuspielen.

8 Telegramm-Spiel

Alter | 6–9 Jahre
Dauer | 5–10 Minuten

Bei diesem Spiel soll ein Signal ungestört durch eine lange Telefonleitung durchgegeben werden. Die Leitung besteht aus Kindern, die in einer Reihe oder im Kreis stehen.
Das erste Kind klatscht einen selbst ausgedachten Rhythmus, das nächste Kind wiederholt ihn und so geht es die ganze Reihe entlang bis zum letzten Kind. Zuvor war allerdings ein Kind ausgewählt worden, das Störungen verursachen soll: Es klatscht dazwischen und läuft durch die Reihe. Zum Schluss wird der Rhythmus des letzten Kindes mit dem des ersten Kindes verglichen. Wenn er gleich war, darf jenes Kind sich einen Rhythmus ausdenken und ihn weitergeben. Wählen Sie auch einen neuen „Störsender" aus. Wenn der Rhythmus am Ende nicht stimmt, wird er erneut von Anfang an durchgegeben.

Musikalische Kim-Spiele

Alter | alle Altersgruppen
Material | 10 verschiedene Instrumente, ein Tuch
Dauer | 10–15 Minuten

Legen Sie zehn oder mehr Instrumente, die sich deutlich in Klang und Ton unterscheiden, auf einen Tisch und bedecken Sie sie mit einem Tuch.
Ein Kind kommt zu dem Tisch und dreht sich mit dem Rücken zu den Instrumenten. Nehmen Sie nun das Tuch weg und spielen Sie auf drei Instrumenten. Nun darf sich das Kind umdrehen und raten, welche drei es gehört hat.
Bei älteren Kindern können Sie vier oder fünf Instrumente hintereinander spielen. Es kann auch ein Kind die Rolle des Spielleiters übernehmen.
Das Spiel ist ideal, um die Namen der Instrumente kennenzulernen.

Instrumenten-Quiz

Alter | 6–9 Jahre
Material | Instrumente für mindestens die Hälfte der Gruppe, Zettel
Dauer | 15–20 Minuten

Zunächst werden für die Hälfte der Kinder Zettel angefertigt, die auf der Vorder- und Rückseite mit dem Namen eines der Kinder beschriftet sind (auf der Vorderseite ein anderer Name als auf der Rückseite). Damit steht der Name jedes Kindes auf einem der Zettel. Die Hälfte der Kinder bekommt ein Instrument, das sie nicht sichtbar für die anderen Kinder (z. B. durch einen auf die Seite gelegten Tisch) auf den Boden legen. Legen Sie zu jedem Instrument einen Zettel. Nun wird ein Kind ausgewählt, das sich ein Instrument aussucht, den Namen, der auf dem Zettel steht, laut vorliest und dann kurz auf dem Instrument spielt. Das Kind, dessen Name genannt wurde, darf nun raten, welches Instrument es gehört hat. Wenn es stimmt, darf dieses Kind den Zettel mit seinem Namen umdrehen, den Namen, der darauf steht, laut vorlesen und nun selbst ein Instrument wählen, auf dem es kurz spielt. Wenn es nicht stimmt, darf der Zettel nicht umgedreht werden, sondern ein anderes Kind wird ausgewählt, um sich ein neues Instrument auszusuchen. Das Spiel geht so lange, bis jedes Kind einmal an der Reihe gewesen ist.

Lebendiges Memo

Alter | 8–12 Jahre
Material | Instrumente für alle Teilnehmer
Dauer | 10–20 Minuten

Bis auf zwei Kinder bekommen alle ein Instrument. Die beiden Kinder ohne Instrument gehen kurz aus dem Raum. Alle Kinder mit einem Instrument finden sich zu zweit zusammen und stellen nun die „Karten“ für ein lebendiges Memospiel nach den Regeln des Memory dar. Die Paare müssen nicht die gleichen Instrumente haben. Jedes Paar denkt sich nun einen bestimmten Rhythmus oder ein musikalisches Motiv aus, das beide Schüler auf ihrem Instrument genau gleich spielen können. Die Motive dürfen jeweils nur von einem Paar gewählt werden, damit jedes Paar ein anderes Motiv hat. Nun trennen sich die Paare und stellen sich durcheinander in einem Kreis mit dem Gesicht nach außen auf. Das Paar von draußen wird nun hereingeholt und stellt sich in die Mitte des Kreises. Auf ein Zeichen des Spielleiters hin beginnen nun alle Kinder gleichzeitig, das Motiv auf ihrem Instrument zu spielen. Eines der Kinder in der Mitte tippt nun einem Kind mit einem Instrument auf die Schulter, damit es sich umdreht. Es hört dem Motiv gut zu und versucht, das gleiche Motiv bei einem anderen Kind im Kreis zu hören. Wenn es das richtige gefunden hat, tippt es diesem Kind auf die Schulter, dreht es um und vergleicht die Motive. Wenn es die passende „Karte" ist, darf dieses Paar aufhören zu spielen und eine neue „Karte" wird umgedreht. Stimmt es nicht, stellen sich die beiden Kinder wieder zurück in den Kreis und das andere Kind aus der Kreismitte darf eine „Karte" umdrehen.

Klangstäbe-Spiel

Alter | 8–10 Jahre
Material | Klangstäbe für jeden Teilnehmer
Dauer | 10 Minuten

Das Spiel kann mit so vielen Kindern gespielt werden, wie Klangstäbe zur Verfügung stehen. Es müssen mindestens acht verschiedene Töne sein, also eine vollständige Tonleiter. Die übrigen Kinder können währenddessen warten, bis sie an der Reihe sind. Das Spiel dauert nicht lange.

Jedes Kind bekommt einen Klangstab und einen Schlägel, um darauf zu spielen. Dann laufen alle langsam durch den Raum, während sie auf ihrem Klangstab spielen, und achten auch auf die Töne der anderen. Auf ein Zeichen des Spielleiters hin stellen sie sich in einer Reihe auf – und zwar der Tonhöhe nach. Sie müssen also genau hinhören, welcher Ton höher und welcher Ton niedriger ist, und sich entsprechend aufstellen. Wenn alle an ihrem Platz sind, wird die Reihenfolge einmal gespielt, um zu testen, ob sie so richtig ist.

Dann übernehmen die anderen Kinder die Klangstäbe und versuchen das Gleiche. Welche Gruppe braucht am wenigsten Zeit, um sich zu sortieren? Legen Sie vorher fest, wo sich die Reihe aufstellen soll.

Wenn keine Klangstäbe vorhanden sind, können auch die Stäbe eines Xylophons oder eines Metallophons herausgenommen und an einen Faden gebunden werden, sodass sie beim Anschlagen klingen.

13 Geräusche-Kette

Alter | 6–9 Jahre
Dauer | 5–10 Minuten

Die Kinder sitzen in einem Kreis. Überlegen Sie sich zwei willkürliche Geräusche, z. B. Pfeifen und Summen. Geben Sie dem Kind links von sich die Hand und machen Sie gleichzeitig das Geräusch. Anschließend geben Sie dem Kind rechts von sich die Hand und machen dabei das andere Geräusch. Die Kinder machen das Gleiche und geben das Geräusch auf dieselbe Art in die gleiche Richtung weiter, wie sie es erhalten haben.
Es kann sein, dass die beiden Geräusche bei einem Kind gleichzeitig ankommen. Dieses Kind darf sich dann neue Geräusche ausdenken und auf die gleiche Weise, wie Sie es getan haben, nach links und rechts Geräusche weitergeben. Wenn die Geräusche nicht zeitgleich bei einem Kind ankommen, werden sie bis zum Spielleiter durchgegeben, der sich dann wieder ein neues Geräusch ausdenkt und losschickt.

Lockruf

Alter | 12–16 Jahre
Material | Tücher für alle Teilnehmer
Dauer | 10–20 Minuten

Teilen Sie die Gruppe paarweise ein. Jedes Paar verabredet einen bestimmten „Lockruf", d. h. ein bestimmtes Geräusch mit der Stimme oder einige Klänge, wodurch sie sich gegenseitig erkennen und von den anderen unterscheiden können.
Zunächst darf jeder seinen Lockruf laut vormachen, dann werden allen Spielern die Augen verbunden.
Verteilen Sie die Spieler im Raum, sodass keiner weiß, wo sein Partner steht. Auf Ihr Zeichen hin machen die Spieler ihr Geräusch und versuchen, ihren Partner zu finden. Wenn sie sich gefunden haben, dürfen sie ihr Tuch abnehmen, bleiben nebeneinander stehen und warten, bis alle Paare sich gefunden haben.

Konzentrationsspiele

Die Konzentrationsspiele sind in der Regel etwas schwieriger als die Hörspiele, da zugleich zum zielgerichteten Hören auch noch eine musikalische Aktivität gefordert wird. Die Spieler müssen z. B. ganz still sein oder ein bestimmtes Geräusch sehr genau machen, damit das Spiel gelingen kann.
Dies verlangt viel Aufmerksamkeit und gutes Zuhören. Darum könnten einige dieser Spiele als schwierig und ermüdend empfunden werden. Ein Grund, um sie nicht allzu lange zu spielen. Sie können die Motivation der Spieler unterstützen, indem Sie eine Aufnahme des Spieles, z. B. mit einem Handy, machen. (Achtung: Privatsphäre der Mitspieler schützen!)
Bei den meisten Konzentrationsspielen sind die Musikinstrumente sehr wichtig. Es ist daher sinnvoll, die Kinder und Jugendlichen vorher mit den Instrumenten vertraut zu machen.

Hinweise

- Für diese Spiele braucht man einen ruhigen Raum.
- Die Gruppe braucht ein Minimum an Aufmerksamkeit und Disziplin, sonst gelingen die Spiele nicht.
- Bei den meisten Computerspielen muss man sich stark konzentrieren, daher gibt es auch „Lebendige Computerspiele" mit den gleichen Regeln wie bei echten Computerspielen: gespannte Aufmerksamkeit im Spielverlauf, die Notwendigkeit, schnell und adäquat zu reagieren und die Motivation zu erhalten.

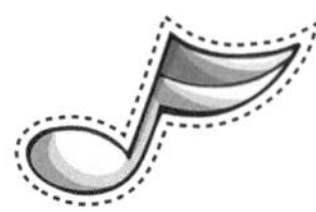

15 Die Biene

Alter | 6–8 Jahre
Dauer | 5–10 Minuten

Die ganze Klasse imitiert das Summen einer Biene: „sssssssssssssss“. Ein Schüler steht vor der Gruppe und zeigt mit seiner Hand die Flugbewegungen der Biene: hoch – hinunter – im Kreis – auf einer Blume landen etc. Das geschieht in Ruhe und Aufmerksamkeit. Die Gruppe folgt den Bewegungen, indem sie die Tonhöhe immer anpasst.
Wenn sich die Biene auf eine Blume setzt, ist es still.
Bis jemand laut auf den Tisch schlägt – dann fliegt die Biene schnell weg und ist nicht mehr zu hören.

16 Schlafende Hunde

Alter | 6–10 Jahre
Material | Tuch, Gegenstand (z. B. Stift, Instrument o. Ä.)
Dauer | 10–15 Minuten

Die Kinder sitzen im Kreis auf dem Boden oder auf Stühlen. Ein Kind sitzt in der Mitte und hat die Augen verbunden. Es spielt den „schlafenden Hund“. Dicht vor ihm liegt sein „Knochen“, ein Stift, ein Instrument o. Ä.
Wählen Sie nun ein Kind aus dem Kreis aus, das versucht, den „Knochen“ zu stehlen – natürlich so, dass der Hund es nicht merkt. Dazu muss es absolut still sein.
Wenn der Hund etwas merkt, darf er versuchen, den Dieb zu schnappen, indem er ihn antippt, allerdings ohne aufzustehen. Wenn er den Dieb erwischt hat, bleibt er der Wachhund und ein anderes Kind darf versuchen, den Knochen zu stehlen.
Andernfalls setzt sich der Dieb an seine Stelle und wird der neue Wachhund. Ein anderes Kind wird gewählt, um den Knochen zu stehlen. Wer ist der beste Wachhund?

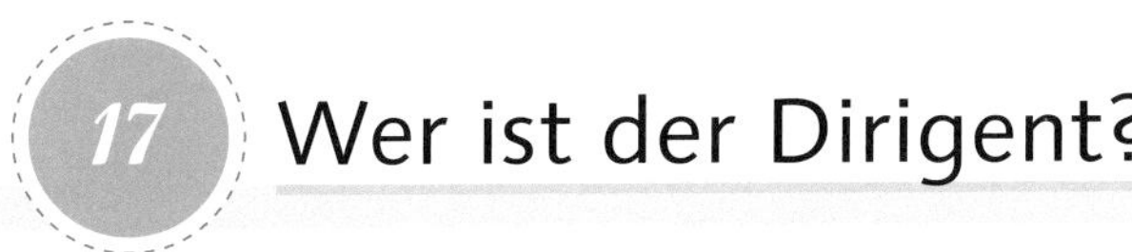

17 Wer ist der Dirigent?

Alter | ab 8 Jahre
Material | Instrumente für alle Teilnehmer
Dauer | 10–20 Minuten

Alle Kinder stehen in einem Kreis und haben ein Instrument in der Hand. Ein Kind wird kurz aus dem Raum geschickt. Wählen Sie nun ein Kind aus, das den Dirigenten spielt. Die Gruppe überlegt sich ein geheimes Zeichen, das der Dirigent macht, wenn sie spielen sollen, und ein Zeichen, wenn sie aufhören sollen, z. B. Augenzwinkern, eine Bewegung mit den Fingern oder dem Fuß. Während des Spiels müssen die Kinder den Dirigenten immer unauffällig beobachten und auf seine Zeichen achten. Das Kind, das den Raum verlassen hat, wird wieder hereingeholt und stellt sich so hin, dass es den ganzen Kreis gut sehen kann. Die Gruppe beginnt nun zu spielen und das Kind muss versuchen, zu erraten, wer der Dirigent ist.
Bei neuen Runden müssen neue Zeichen abgesprochen werden. Laut oder leise, schnell oder langsam spielen, nur Trommeln oder nur Blasinstrumente verwenden – es gibt viele Möglichkeiten. Die Spieler müssen sich gut konzentrieren, da sie den Dirigenten nicht direkt anschauen dürfen.

Variation ohne Instrumente
Hierbei gibt der Dirigent pantomimisch an, welche Instrumente pantomimisch gespielt werden sollen, z. B. Klavier, dann Geige, Flöte oder Schlagzeug. Der Dirigent fängt immer mit einem Instrument an, aber da die anderen Kinder sofort mitmachen, ist es schwierig, zu erkennen, wer dirigiert.

18 Geräusche nach Zahlen

Alter | 6–9 Jahre
Material | Trommel
Dauer | 10–20 Minuten

Jedes Kind denkt sich ein Tiergeräusch aus. Dann muss jedes eine Zahl von eins bis acht wählen. Diese Zahl bestimmt, wann das Kind sein Geräusch machen muss. Daher müssen sich die Kinder die Zahl gut merken.
Zählen Sie nun zunächst von eins bis acht. Jeder macht bei seiner Zahl das entsprechende Geräusch. Wenn das Geräusch z. B. „Tok" ist und die gewählte Zahl fünf, dann muss das Kind bei der Zahl fünf sein Geräusch machen. Bei manchen Zahlen können mehrere Geräusche gleichzeitig erklingen – das ist schön und lustig!
Zählen Sie in der ersten Spielrunde laut vor, beim zweiten Mal werden die Zahlen getrommelt. Wenn der Einsatz aller Spieler gut gelingt, können Sie das Tempo langsam steigern.

Variation
Zeichnen Sie eine horizontale Linie an die Tafel, teilen Sie sie in acht gleich große Stücke und schreiben Sie acht Zahlen darunter. Jedes Kind malt nun auf der Linie an der Stelle der Zahl, die es gewählt hat, ein Viereck als Symbol für das gewählte Geräusch. Wenn zwei Kinder die gleiche Zahl gewählt haben, werden die Vierecke übereinander gemalt. Dann wird das Spiel weiter, wie oben beschrieben, gespielt.

19 Wer hat es?

Alter | 6–8 Jahre
Material | Tamburin, Schellenkranz o. Ä.
Dauer | 10–20 Minuten

Die Kinder stehen oder sitzen in einem Kreis. Geben Sie einem Kind ein Tamburin, einen Schellenkranz oder ein anderes Instrument, das beim Laufen zu hören ist. Dieses Kind wählt ein anderes Kind aus, das sich mit geschlossenen Augen in die Mitte des Kreises stellt.
Alle Kinder haben ihre Hände auf dem Rücken. Das Kind mit dem Instrument steht außerhalb des Kreises.

Die Gruppe singt nun miteinander ein bekanntes Lied und das Kind mit dem Instrument läuft währenddessen um den Kreis herum und spielt auf dem Tamburin. Kurz bevor das Lied zu Ende ist, gibt es das Instrument einem Kind im Kreis, das es hinter seinem Rücken versteckt festhält.
Das Kind in der Mitte muss gut aufpassen, wann das Lied zu Ende ist, und nun raten, welches Kind das Instrument hat.

20 Geräusche-Spiel

Alter | 6–9 Jahre
Dauer | 5–10 Minuten

Die Kinder sitzen oder stehen in einem Kreis. Jeder denkt sich ein Geräusch aus, das er mit dem Mund machen kann. Beginnen Sie selbst mit einem Geräusch, z. B. „Hu", „Schschsch" oder „Takketakketak". Das Kind rechts von Ihnen macht dann sein eigenes Geräusch etc., bis der ganze Kreis an der Reihe war. Bei der nächsten Runde wird das Tempo schneller, bei der dritten Runde evtl. langsamer. Nach jeder Runde wird das Geräusch immer in die andere Richtung geschickt.

21 Die Karawane

Alter | ab 10 Jahre
Material | Instrumente für alle Teilnehmer, darunter eine Blockflöte
Dauer | 10–15 Minuten

Die Kinder sitzen in einem Kreis und haben Rhythmusinstrumente, ein Kind hat eine Blockflöte. Damit wird nun eine Karawane dargestellt, die durch die Wüste zieht. Man hört, wie sie langsam aus der Ferne herannaht, dicht bei uns vorbeizieht und wieder in der Ferne verschwindet. Es ist eine große Karawane mit Kamelen, Pferden und Eseln, die mit Kupferwaren beladen sind. Viele Menschen begleiten sie und auch ein Schlangenbeschwörer ist mit dabei. Die Gruppe bespricht, welche Geräusche zu einer Karawane gehören: Die Fußstapfen der Menschen werden auf der Handtrommel gespielt, die der Tiere auf den Röhrentrommeln und den Holzblöcken, das Klingeln der Zügel mit Glöckchen und Schellenkranz, das Knarren der Ladung und der Karren auf Raspeln u. ä. Die Gespräche der Menschen können mit der Stimme imitiert werden und die Flöte des Schlangenbeschwörers hört man erst, wenn die Karawane ganz nahe ist.

Dann beginnt die Geräusche-Collage: Zunächst hört man nur den Wind, dann erscheint eine Staubwolke am Horizont und die ersten zaghaften, tiefen und leisen Geräusche sind zu hören. Tiefe Geräusche hört man schon von weitem, hohe Geräusche erst, wenn sie nahe sind. Je näher die Karawane kommt, desto mehr verschiedene Geräusche hört man. Zeigen Sie deutlich mit den Händen an, wie nahe die Karawane bereits ist. Erst wenn sie ganz nahe ist, sind auch die Stimmen der Menschen und die Flöte des Schlangenbeschwörers (sie kann auch nur mit dem Kopf der Blockflöte gespielt werden) zu hören. Dann zieht die Karawane vorbei und die Töne werden immer leiser, bis sie ganz verschwinden und nur noch der Wind zu hören ist. Es erfordert viel Konzentration von der Gruppe, da die Spieler die Instrumente zunächst sehr vorsichtig, ganz leise, dann immer lauter spielen und gleichzeitig auf Ihre Anweisung achten müssen. Der Spannungsbogen sollte die gesamte Zeit aufrechterhalten werden.

Variation

Für kleinere Kinder kann ein Zirkus mit Pferden, Elefanten, Löwen, Clowns und Akrobaten, die in die Stadt einmarschieren, gewählt werden.

22 Musikalische Tastatur

Alter | ab 10 Jahre
Material | 6 verschiedene Instrumente
Dauer | 10–20 Minuten

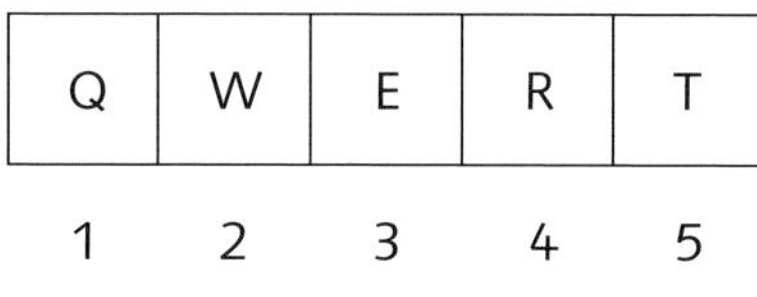

Q	W	E	R	T
1	2	3	4	5

Xylophon

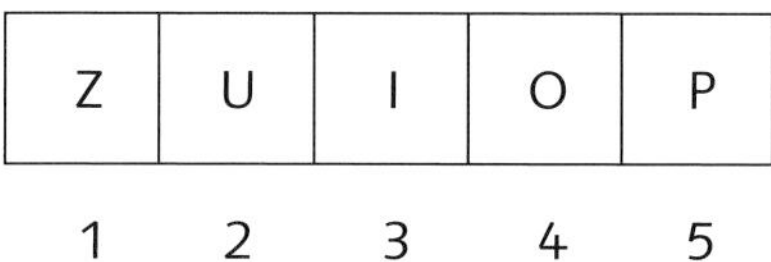

Z	U	I	O	P
1	2	3	4	5

Glockenspiel

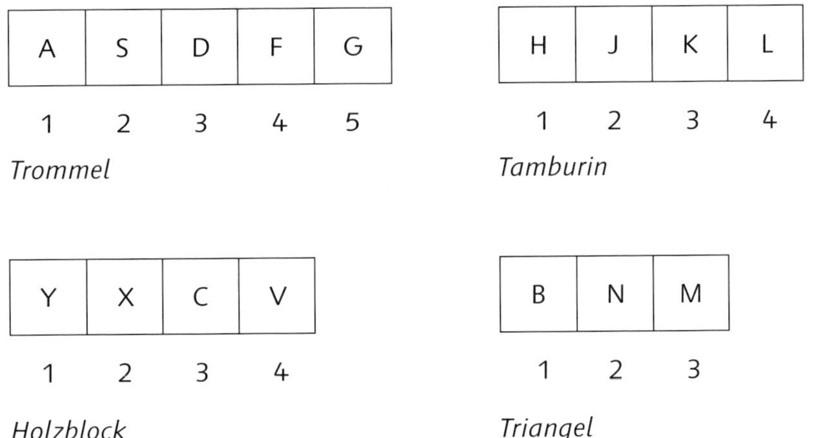

Schreiben Sie die Tastatur eines Computers an die Tafel. Jeder Buchstabe kann durch einen bis fünf Schläge auf das entsprechende Instrument gespielt werden, z. B. wird das „E“ durch drei Schläge auf dem Xylophon gespielt, das „O“ durch vier Schläge auf dem Glockenspiel, das „A“ durch einen Schlag auf die Trommel etc. Demonstrieren Sie ein Beispiel mit einem kurzen Satz. Die Gruppe schreibt die Buchstaben dazu auf.
Dann darf sich ein Kind ein längeres Wort ausdenken und es wird von einigen Kindern auf den Instrumenten gespielt. Der Rest der Gruppe notiert das Gehörte. Wer kann das Wort als Erstes erraten?

Rechts – links

Alter | ab 8 Jahre
Material | Trommel
Dauer | 10–15 Minuten

Die Gruppe kniet in einem Kreis und legt die Handinnenflächen auf den Boden. Schlagen Sie auf einer Trommel einen langsamen Rhythmus. Ein Kind beginnt mit dem Spiel, indem es mit seiner rechten Hand einmal auf den Boden schlägt. Das Kind rechts neben ihm muss nun das gleiche im Rhythmus der Trommel machen. Auf diese Weise wird der Schlag so lange im Kreis herumgegeben, bis ein Kind plötzlich zweimal hintereinander mit seiner Hand auf den Boden schlägt. Nun wechselt die Richtung und die Seite der Hand, d. h. das nächste Kind muss nun mit der linken Hand auf den Boden schlagen und das Kind links neben ihm ist danach an der Reihe – bis ein Kind wieder schnell zweimal hintereinander auf den Boden schlägt – dann folgt wieder Richtungs- und Handwechsel. Die Schläge sollen dabei stets im Rhythmus der Trommel erfolgen. Wenn das Spiel mit einem langsamen Rhythmus gut gelingt, kann das Tempo gesteigert werden. Wenn jemand mit der falschen Hand oder in der falschen Richtung auf den Boden schlägt, ist er mit einer Hand raus und muss diese auf den Rücken legen. Er darf dann noch mit einer Hand mitspielen. Wenn er noch einen Fehler macht, muss er so lange aussetzen, bis nur noch der Gewinner übrigbleibt.

24 Triangel-Spiel

Alter | 6–8 Jahre
Material | Triangel
Dauer | 5–10 Minuten

Die Kinder sitzen in einem Kreis und schließen ihre Augen. Nehmen Sie eine Triangel und kündigen Sie an: „Wir wollen einmal schauen, ob ihr gute Ohren habt." Spielen Sie nun drei- oder viermal auf dem Instrument, dann dürfen die Kinder die Augen öffnen und müssen raten, wie viele Schläge sie gehört haben.
Wichtig beim Spielen ist es, dass die Schläge dicht hintereinander folgen; als Variation können Sie immer leiser oder immer schneller spielen.
Und wie lange dauert es, bis ein Schlag vollkommen verklungen ist?

25 Telefon-Spiel

Alter | 6–10 Jahre
Material | 10 Blatt Papier
Dauer | 10–20 Minuten

Zehn Kinder setzen sich in einer Reihe hin. Jedes bekommt ein Blatt Papier, auf dem groß je eine Zahl von null bis neun steht, und hält sie gut sichtbar vor den Körper. Ein Kind wird kurz aus dem Raum geschickt. Dann wählt die Gruppe ein bekanntes Kinderlied aus und jedes Kind mit einer Zahl bekommt je ein Wort dieses Liedes zugeteilt, z. B. „Fuchs, du hast die Gans gestohlen …" Die Zahl null bekommt das Wort „Fuchs", die Zahl eins bekommt das Wort „du" etc.

Das Kind wird nun wieder hereingerufen und muss nun seine eigene Telefonnummer wählen, d.h. es nennt der Reihe nach die Zahlen der Nummer und bei jeder Zahl nennt das entsprechende Kind aus der Reihe sein Wort. Wie viele Zahlen muss das Kind nennen, bis es das Lied erraten hat?
Dann darf ein anderes Kind hinausgehen. Die restlichen Kinder überlegen sich ein neues Lied, die Worte werden neu verteilt und es darf wieder geraten werden. Weihnachts- und Geburtstagslieder dürfen natürlich auch genutzt werden.

26 Lebendiges Computerspiel

Alter | ab 12 Jahre
Material | Seile oder Klebeband, vier Musikinstrumente, Becken
Dauer | 30–45 Minuten

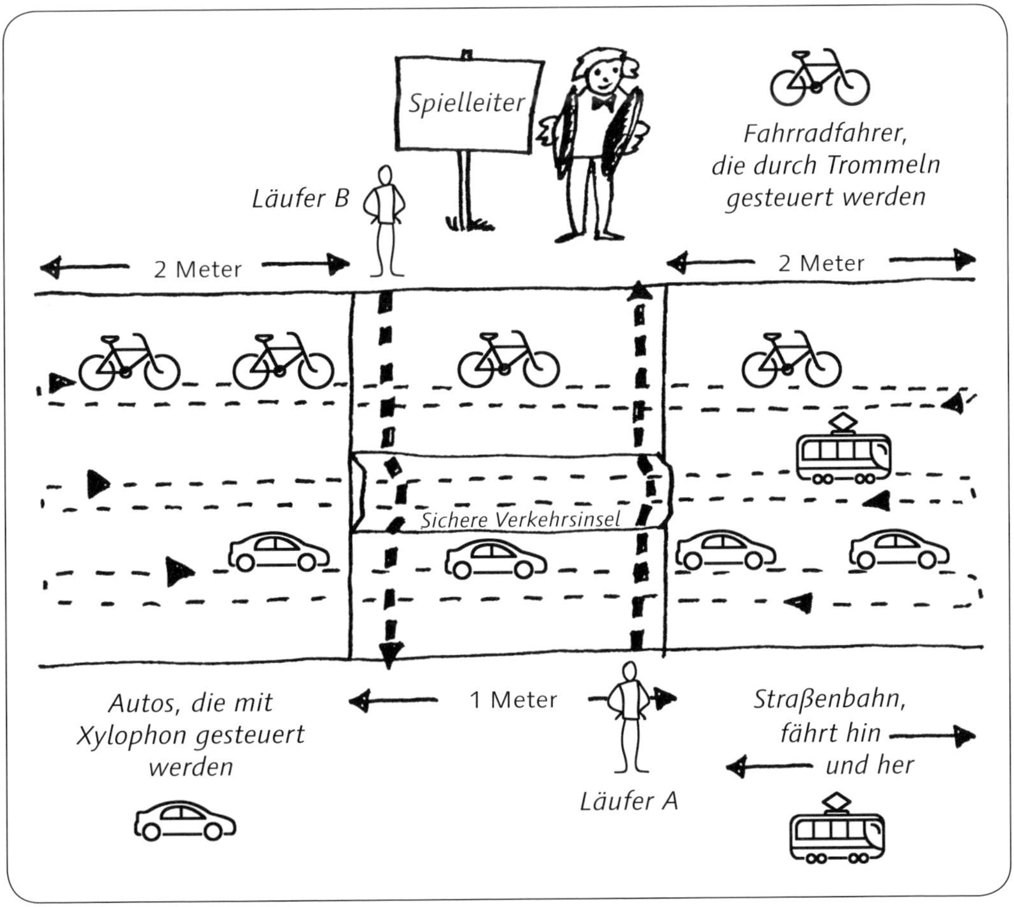

Spielleiter

Fahrradfahrer, die durch Trommeln gesteuert werden

Läufer B

2 Meter

2 Meter

Sichere Verkehrsinsel

1 Meter

Autos, die mit Xylophon gesteuert werden

Läufer A

Straßenbahn, fährt hin und her

Strichmännchen: © Sonja Janso – Fotolia.com
Auto, Fahrrad, Straßenbahn: © mayrum – Fotolia.com

Bei diesem „Lebendigen Computerspiel“ spielen zwei Spieler gegeneinander. Sie müssen versuchen, ein „Kind“ über eine belebte Straße zu leiten, ohne dass es von einem Auto, einem Fahrrad oder einer Straßenbahn angefahren wird. Der ganze Verkehr wird von den anderen Kindern dargestellt, die von Spielern mit Musikinstrumenten „gesteuert“ werden. Das Spielfeld sollte ungefähr den Abmessungen auf der Zeichnung entsprechen. Wenn es größer ist, wird es evtl. zu leicht sein, es zu überqueren. Ist es zu klein, wird es zu schwierig. Legen Sie Seile zur Einteilung des Spielfeldes oder kleben Sie es mit Klebeband ab. Das Spiel kann mit 15 Kindern gleichzeitig gespielt werden, die anderen sind Zuschauer. Die Rollen können bei jedem Durchgang gewechselt werden.

Die Spieler

1. Die beiden Hauptspieler (A und B) sitzen an den beiden Seiten der Straße. Spieler A hat z. B. einen Holzblock, Spieler B eine Triangel. Mit diesen Instrumenten steuern sie die Geschwindigkeit ihrer Figuren.
2. Zwei „Läufer“, A und B, sollen die Straße überqueren. Sie dürfen sich nur in dem Tempo ihrer Spieler bewegen, z. B. jeder Schlag auf den Holzblock ist ein Schritt. Die Spieler halten zunächst das Tempo eines gemütlichen Spazierganges ein und dürfen es nicht verändern.
3. Mitten auf der Straße ist eine Verkehrsinsel, wo der „Läufer“ kurz anhalten kann, wenn der Spieler das möchte. Die „Läufer“ reagieren, wie Roboter, nur auf die Geräusche der Instrumente.
4. Vier Kinder stellen Autos dar, die mit ungefähr einem Meter Abstand zueinander in schnellem Lauftempo an der einen Seite der Straße hin- und herlaufen. Auch sie laufen ausschließlich wie Roboter in dem Tempo, das ihr Spieler ihnen vorgibt, z. B. auf dem Xylophon. Wenn ein Zusammenprall mit einem „Läufer“ droht, hält das „Auto“ den „Läufer“ fest. Geben Sie mit einem Schlag auf ein Becken das Zeichen, dass das Spiel beendet ist.
5. Ebenfalls vier Kinder sind Fahrradfahrer, die in einem Meter Abstand voneinander in einem ruhigen Tempo auf der anderen Seite der Straße hin- und herlaufen. Wenn sie das Ende der Straße erreichen, drehen sie sich immer um und laufen in die andere Richtung. Sie werden von einem Kind mit einer Trommel gesteuert. Auch sie dürfen nur in dem angegebenen Tempo laufen, müssen den Abstand einhalten und den „Läufer“ bei einem Zusammenstoß festhalten. Dann ist das Spiel beendet.

6. In der Mitte der Straße stellt ein Kind die Straßenbahn dar. Achtung: Sie fährt auch über die Verkehrsinsel! Dieser Spieler läuft sehr schnell hin- und her, um das Spiel etwas schwieriger zu machen. Die Spieler A und B müssen also gut aufpassen, dass ihr „Läufer" nicht von der Straßenbahn überfahren wird, wenn er sich auf der Verkehrsinsel ausruht. Dann wäre das Spiel auch beendet. Wenn der „Läufer" die andere Seite unversehrt erreicht, gibt es einen Punkt für den Spieler. Nun muss er versuchen, den „Läufer" wieder auf die andere Seite zurückzulotsen.

Spielverlauf

Eine Spielrunde dauert nicht sehr lange, es kann also öfter gespielt werden. Der Gewinner ist derjenige, der seinen „Läufer" am häufigsten unversehrt zur anderen Seite geführt hat.
Das Spiel kann auf zwei Niveaus gespielt werden: Bei Level A spielen die Kinder in einem langsamen Tempo, bei Level B doppelt so schnell. Sie können das Spiel auch einfacher gestalten, indem Sie z. B. die Straßenbahn weglassen oder einen Polizisten einsetzen, der den Verkehr ab und zu stoppt. Wenn das Tempo erhöht wird, steigert sich auch der Schwierigkeitsgrad des Spieles.

Ausdrucks- und Improvisationsspiele

Bei diesen Spielen sind die Fantasie und Selbstständigkeit der Spieler gefragt. Sie dürfen sich Szenen überlegen und diese mithilfe von Instrumenten allein oder in Gruppen darstellen. Da hierfür oft ein intensiver Austausch der Spieler untereinander nötig ist, dauern diese Spiele manchmal etwas länger als geplant.
Bei Ausdrucksspielen entdeckt der Spieler seine eigene Kreativität und merkt oft, dass die Zusammenarbeit in der Gruppe mehr Möglichkeiten bietet, als allein zu arbeiten. Dadurch ergeben sich bei diesen Spielen wichtige Lernmomente, die auch für andere Unterrichtsfächer wichtig sind.
Die Kinder und Jugendlichen sollen zunächst versuchen, selbst Lösungen zu finden. Nur wenn es ihnen nicht gelingt, können Sie Anregungen oder Impulse einbringen, z. B. indem Sie gezielte Fragen stellen.
Für diese Spiele sind viele verschiedene Instrumente nötig.

Hinweise

- Es geht bei diesen Spielen darum, dass die Gruppe sich selbst etwas ausdenkt. Die Erwartungen sollten deshalb am Anfang nicht zu hoch sein. Das Resultat ist nicht immer das Wichtigste. Wichtiger ist die Erfahrung der Selbstwirksamkeit.
- Die Instrumente werden dafür eingesetzt, um etwas darzustellen. Sie dürfen deshalb auch gern auf eine alternative Art und Weise bespielt werden, z. B. mit dem Fingernagel über ein Trommelfell kratzen o. Ä. Sie sollten die Spieler zu Beginn auf diese Möglichkeit hinweisen.

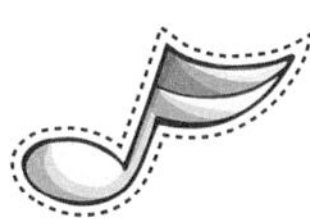

27 Tier-Spiel

Alter | 6–8 Jahre
Material | sechs verschiedene Instrumente
Dauer | 10–15 Minuten

Legen Sie sechs verschiedene Instrumente, z. B. Glockenspiel, Xylophon, Triangel, Holzblock, Trommel und Schellenkranz, auf einen Tisch. Legen Sie sechs Kärtchen mit sechs Tiernamen daneben.
Wenn die Kinder noch nicht lesen können, werden die Tiere gezeichnet. Die Namen dieser Tiere können Sie auch noch an die Tafel schreiben (z. B. Elefant – Maus – Pferd – Löwe – Heuschrecke – Vogel).

Mischen Sie die Karten und legen Sie sie umgedreht vor den Instrumenten auf den Tisch. Ein Kind zieht nun eine Karte und spielt mit einem oder mehreren Instrumenten etwas, das zu diesem Tier gehört. Das Tier muss nicht genau nachgemacht werden, sondern man kann auch „wie eine Maus" spielen oder „wie ein Pferd". Wenn das Tier erraten wurde, ist das nächste Kind an der Reihe. Wenn es nach drei Versuchen nicht erraten wurde, wählt der Schüler eine andere Karte und spielt erneut.
Wenn alle Kinder an der Reihe waren, werden die Karten neu gemischt.

28 Musikalisches Gespräch

Alter | 6–8 Jahre
Material | zwei Rhythmusinstrumente
Dauer | 10–15 Minuten

Die Kinder sitzen in einem Kreis. Nehmen Sie zwei Rhythmusinstrumente zur Hand, die Sie nun kurz nacheinander im Kreis herumgeben. Währenddessen wird das Lied „Bruder Jakob" gesungen.
Die beiden Kinder, die beim letzten Wort ein Instrument in der Hand haben, dürfen sich nun auf musikalische Weise etwas erzählen, d. h. ein Kind spielt einen kurzen Rhythmus, das andere Kind antwortet darauf. Nach einem kleinen „Gespräch" wird das Lied wieder gesungen und die Instrumente werden im Kreis weitergegeben.
Anstelle von Singen können Sie auch ein Lied per Handy oder CD anhören. Wenn die Musik stoppt, dürfen die Kinder spielen, die die Instrumente in der Hand halten.

29 Der klingende Raum

Alter | ab 10 Jahre
Material | so viele Instrumente wie möglich
Dauer | 20–30 Minuten

In diesem Spiel soll ein bestimmter Raum, ein Ort oder eine Umgebung so dargestellt werden, dass ihn/sie jemand mit geschlossenen Augen erkennen kann. Dazu stehen neben der Stimme und Geräuschen aus dem Raum so viele Instrumente wie möglich zur Verfügung.

Schreiben Sie einige mögliche Orte an die Tafel, die sich besonders gut eignen, wie z. B.:

- der Meeresboden
- der Dschungel/der Wald
- der Jahrmarkt
- der Bahnhof
- nachts auf dem Friedhof
- ein orientalischer Markt

Ein Kind wird ausgewählt und verlässt kurz den Raum. Dann überlegt sich die Gruppe einen Ort und versucht, ihn so realistisch wie möglich darzustellen. Die Kinder haben ca. fünf Minuten Zeit zum Üben. Das Stück muss nicht länger als 30 bis 60 Sekunden dauern. Dann wird das Kind hereingerufen und setzt sich mit geschlossenen Augen in die Mitte. Die Spieler haben sich inzwischen im ganzen Raum verteilt, sodass die Klänge aus allen Richtungen zu hören sind. Der Zuhörer darf alles erst eine Weile in Ruhe auf sich wirken lassen und kann dann überlegen, welche Bilder bei ihm auftauchen. Wenn er richtig geraten hat, ist ein anderes Kind an der Reihe.

30 Musikalische Landschaften

Alter | ab 10 Jahre
Material | Instrumente für alle Teilnehmer, Postkarten mit Landschaften
Dauer | 20–30 Minuten

Teilen Sie die Kinder in Gruppen von vier bis fünf Spielern ein. Jedes Kind erhält ein Instrument. Jede Gruppe bekommt eine Ansichtskarte oder ein Bild aus einer Zeitschrift mit einer stimmungsvollen Landschaft, z. B. einer untergehenden Sonne, einer Schneelandschaft, einem Palmenstrand, einer Flusslandschaft o. Ä.
Die Spieler üben nun 5 bis 10 Minuten lang, diese Landschaft auf ihren Instrumenten darzustellen. Dann werden die Karten in einer willkürlichen Reihe aufgestellt und jede Gruppe spielt ihr Stück den anderen vor, ohne dazuzusagen, zu welchem Bild es gehört. Die anderen Kinder dürfen raten.

31 Instrumentensuche

Alter | 6–9 Jahre
Material | Zettel für jeden Teilnehmer, ruhige Musik
Dauer | 10–15 Minuten

Alle Kinder bekommen einen Zettel, auf dem ein Instrument steht, z. B. Geige, Klavier, Cello, Flöte, Harfe etc. Jedes Instrument ist zweimal vorhanden.
Zu ruhiger Musik laufen alle Kinder durch den Raum und spielen pantomimisch auf ihrem Instrument. Währenddessen schauen sie, wer das gleiche Instrument spielt, und gehen dann mit demjenigen paarweise zusammen.
Stoppen Sie das Spiel, sobald alle Paare sich gefunden haben. Nennen Sie ein Instrument, z. B. Klavier. Die zwei Pianisten kommen dann nach vorn und stellen sich vor die Gruppe.
Die Kinder singen nun ein bekanntes Lied und die beiden Pianisten spielen pantomimisch mit. Dann werden zwei andere Solisten gewählt und ein weiteres Lied wird gemeinsam gesungen und gespielt. Die Solisten bekommen kräftigen Applaus.

32 Instrumente würfeln

Alter | ab 8 Jahre
Material | sechs verschiedene Instrumente
Dauer | 10–20 Minuten

Legen Sie sechs verschiedene Instrumente auf einen Tisch. Jedes Instrument bekommt eine Nummer von eins bis sechs, entsprechend den Würfelaugen. Schreiben Sie die Zuteilung an die Tafel:

Trommel oder Bongo

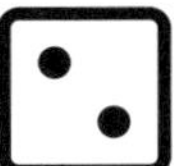

Tamburin oder Schellenkranz

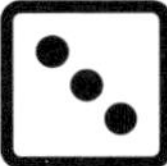

Glockenspiel oder Metallophon

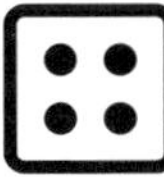

Xylophon oder Blockflöte

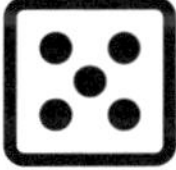

Triangel oder Glöckchen

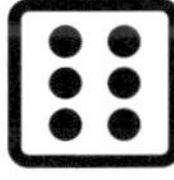

Holzblock oder Rohrtrommel

Nun würfelt ein Kind. Die Anzahl der Augen bestimmt, welches Instrument gewählt wird. Damit stellt der Schüler etwas dar, das von den anderen Kindern geraten werden soll, z. B. können mit einer Trommel Schritte oder ein Gewitter dargestellt werden, mit einem Tamburin ein Schlitten oder das Klingeln von Münzen. Mit einem Glockenspiel kann eine Türklingel oder das Plätschern eines Baches imitiert werden, mit einer Rohrtrommel das Galoppieren eines Pferdes etc.
Wer eine Idee hat, kann nach vorn kommen, würfeln und etwas darstellen. Wenn das Geräusch nicht erraten wird, kann es wiederholt werden. Nach dreimaligem Raten kommt das nächste Kind an die Reihe.

Würfelaugen: © pixelfreund – Fotolia.com

33 Auf dem Spielplatz

Alter | 6–9 Jahre
Material | Instrumente für alle Teilnehmer, eine Kopie der Zeichnung
Dauer | 20–30 Minuten

Teilen Sie die Kinder in vier Gruppen ein. Jede Gruppe bekommt eine Zeichnung von einem Spielgerät, z. B.:

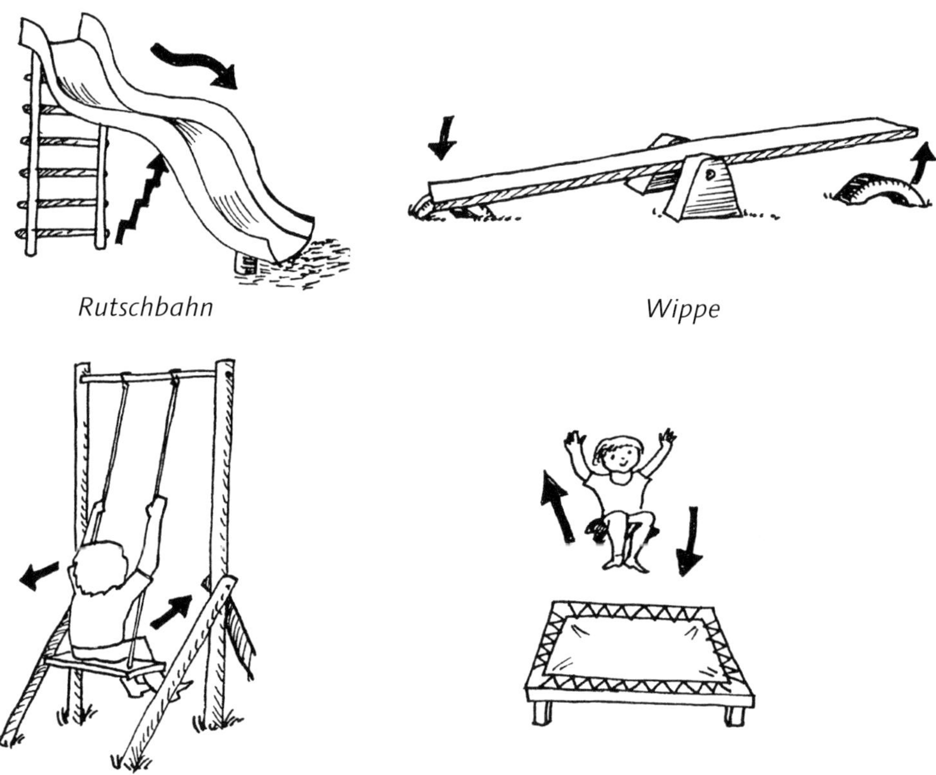

Rutschbahn *Wippe*

Schaukel *Trampolin*

Jede Gruppe muss nun mit einigen Instrumenten die Aktivität des Spielgerätes auf ihrer Zeichnung mit Klängen wiedergeben (mithilfe von Glockenspiel, Xylophon, Trommel und diversen kleinen Rhythmusinstrumenten).
Wenn nötig, können bestimmte Geräusche, z. B. das Gleiten auf der Rutsche, auch mit dem Mund nachgeahmt werden.
Nachdem die Kinder einige Minuten geübt haben, führen sie ihre Aktivität vor und die anderen müssen raten, was es ist.

34 Geräusche-Rätsel

Alter | 8–10 Jahre
Dauer | 20–30 Minuten

Teilen Sie die Kinder in Gruppen von vier bis fünf Spielern ein. Jede Gruppe denkt sich ein Erlebnis, eine Situation oder eine kurze Geschichte aus, die nur durch Geräusche dargestellt wird. Dabei dürfen nur die Hände und der Mund benutzt werden, z. B. pfeifen, summen, singen, lachen, weinen, zischen, klatschen etc. Es wird also nicht gesprochen und auch nicht pantomimisch gespielt. Nach ungefähr zehn Minuten Vorbereitungszeit, in der jede Gruppe ungesehen von den anderen geübt hat, präsentieren alle ihr Resultat. Die anderen Kinder dürfen raten, was dargestellt wird.

Würfelspiel

Alter | ab 10 Jahre
Material | Würfel, evtl. selbstgemacht aus Karton
Dauer | 20–30 Minuten

Überlegen Sie sich gemeinsam mit der Gruppe für jede Zahl auf dem Würfel einen Laut und einen Rhythmus (oder bereiten Sie die Rhythmen vor).

Laut:	*u u u u*
Rhythmus im 4/4-Takt:	– – – –
Laut:	*huhuhuhuuuuu*
Rhythmus im 4/4-Takt:	● ● ● ● – –
Laut:	*ha haha*
Rhythmus im 4/4-Takt:	– – –
Laut:	*m m m*
Rhythmus im 4/4-Takt:	● ●
Laut:	*ff – ff*
Rhythmus im 4/4-Takt:	*(Stille)*
Laut:	*Au!*
Rhythmus im 4/4-Takt:	● ● ● ● ● ● –

● = *kurze Note* – = *lange Note*

Würfelaugen: © pixelfreund – Fotolia.com

Diese Ideen können Sie an die Tafel oder auf einen großen Würfel aus Karton schreiben.
Teilen Sie die Kinder in sechs Gruppen ein. Die Laute werden mit dem Mund gemacht, der Rhythmus mit den Händen geklatscht. Die Kinder können zunächst üben, damit sie den Rhythmus gut im Takt umsetzen können. Dann wird der Reihe nach gewürfelt und die Kinder spielen die entsprechende Form, bis alle Kinder gleichzeitig musizieren. Wenn eine zweite Gruppe die gleiche Zahl würfelt, die bereits gespielt wird, hört die erste Gruppe auf, bis die Zahl wieder gewürfelt wird. Auf Ihr Zeichen hin wird das Spiel beendet. Evtl. können die Klänge langsam leiser werden, bis sie ganz verstummen.

36 Reden oder Schimpfen

Alter | ab 10 Jahre
Material | einige Melodie- und Rhythmusinstrumente
Dauer | 10–20 Minuten

Auf einem Tisch liegen an beiden Enden verschiedene Instrumente. Auf jede Seite stellt sich ein Kind und wählt ein Instrument aus, mit dem es ein musikalisches Gespräch beginnt. Das andere Kind antwortet mit einem Instrument.
Das Gespräch kann nun verschiedene Formen annehmen: Es kann gemütlich dahinplätschern oder zu einem lauten Streitgespräch werden. Es sollte ungefähr eine Minute dauern. Beide Kinder können das Spiel aber auch schon vorher beenden. Danach kommen zwei andere Kinder an die Reihe.

37 Tanzende Hände

Alter | ab 10 Jahre
Material | Zeichenpapier und Bleistifte für alle Teilnehmer, klassische Tanzmusik
Dauer | 15–20 Minuten

Alle Kinder bekommen ein Blatt Papier und einen Bleistift. Schalten Sie klassische Tanzmusik ein, z. B. einen Walzer von Strauß, einen ungarischen Tanz von Brahms oder den Säbeltanz von Chatschaturjan. Die Kinder dürfen nun einen Tanz oder ein Ballettstück mit ihrem Bleistift ausführen.
Der Bleistift kann zum Takt der Musik schwierige Linien zeichnen und Pirouetten drehen. Am Ende ist ein geschwungenes Linienspiel zu sehen, das farblich ausgeschmückt werden kann. Auf diese Weise entstehen sehr schöne abstrakte Zeichnungen.

38 Zug-Spiel

Alter | 6–10 Jahre
Dauer | 10–15 Minuten

Die Kinder stellen sich vor, dass sie eine Reise mit dem Zug machen und dabei aus dem Fenster schauen. Was sehen sie dort? An welches Lied denken sie dabei? Wenn sie einen See sehen, an „Alle meine Entchen"? Oder wenn sie Berge sehen, „Im Frühtau zu Berge"?

Die Reise kann auch in ferne Länder gehen, z. B. in den Dschungel – „Die Affen rasen durch den Wald" – oder ans Meer – „Ein kleiner Matrose…". Ein Kind darf etwas an die Tafel malen, was auf seiner imaginären Reise in dem Lied vorkommt.
Die anderen Kinder dürfen raten. Im Anschluss wird das Lied gemeinsam gesungen. Dann kommt ein anderes Kind an die Reihe.

39 Musik – das bist du selbst

Alter | ab 12 Jahre
Dauer | 15–20 Minuten

Die Kinder stehen in einem Kreis. Bitten Sie sie, sich ein Geräusch zu überlegen, das zu ihnen passt. Z. B. wer sehr rhythmisch veranlagt ist, denkt sich einen kurzen Rhythmus aus und stellt ihn durch Bodypercussion oder mit der Stimme vor. Wer eher melodisch veranlagt ist, singt eine kleine Melodie.
Diese Geräusche überlegen sich die Kinder im Stillen. Dann geht ein Kind in die Mitte des Kreises und spielt den Dirigenten. Durch Gesten lässt es die Klänge hören, zunächst einzeln, dann auch mehrere gleichzeitig, sodass eine ganze Komposition entsteht.

Musikalisches Mandala

Alter | ab 10 Jahre
Dauer | 20–30 Minuten

Ein Mandala ist eine runde, symmetrische Zeichnung mit einer symbolischen Bedeutung. Das musikalische Pendant ist ein „Mantra", ein indischer religiöser Spruch, der zu einer sehr einfachen Melodie ständig wiederholt gesungen wird. Die Gruppe kann sich selbst ein Mantra ausdenken, indem sie ein bekanntes Sprichwort zu einer kurzen Melodie singt. Schreiben Sie mehrere Sprichwörter an die Tafel. Die Kinder wählen einen Satz aus und überlegen sich zu zweit dazu eine Melodie.

Beispiele:

- Morgenstund hat Gold im Mund
- Der frühe Vogel fängt den Wurm

Dann werden die Ergebnisse der Reihe nach vorgesungen.
Das Mantra, das den Kindern am besten gefällt, wird zusammen mit Instrumenten nochmals gesungen.

41 Der schlittschuhlaufende Filzstift

Alter | ab 10 Jahre
Material | Zeichenpapier und Filzstifte für alle Kinder
Dauer | 15–20 Minuten

Alle Kinder bekommen ein Blatt Papier und einen Filzstift. Zunächst zeichnen sie einen großen See, in dem sich einige kleine rote Kreise befinden. Der See ist nämlich zugefroren und die roten Kreise sind die Stellen, in denen die Enten noch schwimmen können. Schalten Sie langsame Tanz- oder Ballettmusik ein, die auch beim Eiskunstlauf oft zu hören ist, z. B. einen Walzer von Tschaikowski oder Strauß. Der Filzstift ist nun der Eiskunstläufer, der in kunstvollen Bewegungen über das Eis gleitet. Er macht die gleichen Bewegungen, die die Kinder auch auf dem Eis machen würden: im Kreis fahren, Pirouetten drehen etc.

Variation
Zwei Kinder können auch mit zwei verschiedenfarbigen Stiften als Paar auf dem Eis fahren.

42 Musikalische Fische

Alter | 6–8 Jahre
Material | 20–30 Fische aus Karton mit Büroklammer, Angel mit Magnet, Dose, Stock, Seil/Schnur
Dauer | 30–40 Minuten

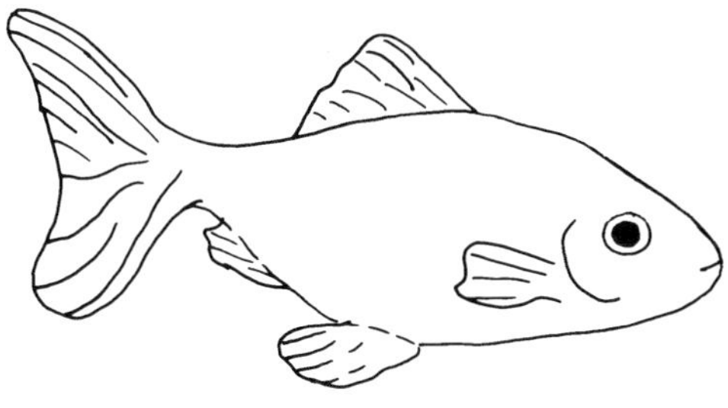

Bereiten Sie 20–30 Fische vor und schreiben Sie jeweils einen musikalischen Auftrag auf die Rückseite. Es soll drei Schwierigkeitsgrade geben: leicht, mittel und schwer.

Fisch: © Verlag an der Ruhr

Einfach *(1 Punkt)*

- Mache eine Biene nach.
- Schnalze dreimal mit deiner Zunge.
- Tanze einmal um einen Stuhl.
- Welches Geräusch macht ein Fisch?
- Pfeife wie ein Kanarienvogel.
- Singe einen Ton von hoch nach tief.

Mittel *(2 Punkte)*

- Klatsche „Bruder Jakob" mit den Händen.
- Singe deinen allerhöchsten Ton.
- Singe deinen allertiefsten Ton.
- Imitiere auf deinem Instrument einen Vogel.
- Zeichne ein Musikinstrument.
- Imitiere eine Flamencotänzerin oder einen Stepptänzer.

Schwer *(3 Punkte)*

- Schnipse einen Rhythmus mit deinen Fingern.
- Spiele „Bruder Jakob" auf einem Glockenspiel (fange mit G an).
- Spiele „Der Kuckuck und der Esel" auf einem Stabinstrument.
- Singe ein Lied deiner Wahl.
- Spiele einen Rhythmus auf der Trommel.
- Tanze auf einem Bein um den Tisch.

Die Gruppe kann sich selbst noch mehr Aufträge ausdenken.
Die Fische mit dem leichten Auftrag bekommen die Zahl 1 auf die Vorderseite, die mittelschweren die 2, die schweren die Zahl 3. Die Anzahl der Fische muss der Anzahl der Kinder entsprechen. Befestigen Sie an jedem Fisch eine Büroklammer. Legen Sie die Fische danach in eine Dose. Basteln Sie eine Angel aus einem Stock und einem kurzen Stück Seil oder Schnur. Befestigen Sie am unteren Ende einen Magneten.
Nun darf jedes Kind einen Fisch angeln und den musikalischen Auftrag ausführen. Gelingt ihm dies, darf es den Fisch behalten, gelingt es nicht, wird der Fisch wieder zurückgelegt und ein anderes Kind ist an der Reihe. Wer hat am Ende die meisten Fische?

Rhythmusspiele

Die Rhythmusspiele in diesem Buch können als Teil des elementaren musikalischen Lernens gesehen werden. Wenn sie regelmäßig eingesetzt werden, wird den Kindern das Klatschen oder Spielen von Rhythmen immer besser gelingen.
Insbesondere die ersten vier Spiele sind als Einstieg gut geeignet: Auf spielerische Art werden einfache Rhythmen und das Einhalten des Taktes geübt. Sie können im weiteren Verlauf auch auf Instrumenten gespielt werden. Bei den weiteren Spielen wird vorausgesetzt, dass die Kinder mit einfachen Rhythmen vertraut sind. Hier bietet sich nun die Möglichkeit, sich selbst Rhythmen auszudenken und zu improvisieren. In diesem Sinne sind sie auch Ausdrucks- und Improvisationsspiele, allerdings in einem stark begrenzten metrischen Rahmen. Instruieren Sie die Kinder zunächst, wie die Rhythmusinstrumente gespielt werden können, damit sie im Anschluss auch leicht damit improvisieren können.

Hinweise

- Die einfachen Spiele sind dazu geeignet, mithilfe von sehr leichten Rhythmen zu lernen, im Takt zu spielen.
- Durch die schwierigeren Spiele lernen die Kinder, verschiedene Rhythmusinstrumente zu spielen.
- Die Spiele können als Beitrag zur allgemeinen musikalischen Erziehung in jedem Musikunterricht eingesetzt werden.

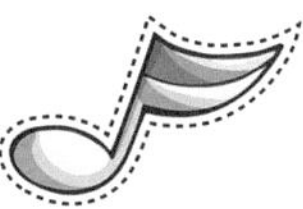

43 Wörter klatschen

Alter | 6–8 Jahre
Dauer | 10–15 Minuten

Dieses Spiel ist ein einfaches Rhythmusspiel für Kinder, die noch nicht lesen können. Malen Sie vier Zeichnungen an die Tafel, deren Begriffe unterschiedlich viele Silben haben, z. B. Baum, Auto, Elefant, Dinosaurier.
Die Kinder dürfen nun der Reihe nach den Rhythmus eines der Bilder klatschen, die anderen Kinder dürfen raten.
Um es anspruchsvoller zu machen, können Sie auch schwierigere Wörter mit mehreren Silben verwenden, z. B. Lokomotive, Gardinenstange, Computerspiel etc.

Namens-Spiel

Alter | 6–8 Jahre
Material | Handtrommel
Dauer | 10–15 Minuten

Dieses Spiel ist auch gut als Kennenlernspiel geeignet. Die Kinder sitzen im Kreis. Spielen Sie auf einer Trommel einen ruhigen 4/4-Takt, die Kinder klatschen mit. Der Reihe nach sagt jedes Kind seinen Vor- und Nachnamen in seinem eigenen Rhythmus, der jedoch nur einen Takt lang dauern soll. Helfen Sie dabei, wenn nötig.
Manche Namen können in unterschiedlichen Rhythmen gesprochen werden. Während das erste Kind seinen Namen weiter spricht, kommt das nächste Kind dazu.
Wenn alle Kinder im Rhythmus sind, können Sie das Spiel beenden, indem Sie auf ein Kind zeigen, das daraufhin verstummt. Dann zeigen Sie auf das nächste Kind, bis alle wieder still sind und nur die Trommel zu hören ist.
Nach diesem Spiel kennen alle Kinder sicher gegenseitig ihre Namen.

45 Start und Stopp

Alter | 6–8 Jahre
Dauer | 10–15 Minuten

Schreiben Sie den folgenden Rhythmus an die Tafel:

da da da da dom dom, dom da da dom dom

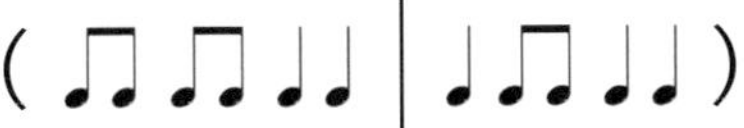

Üben Sie nun mit den Kindern die beiden Rhythmen, bis sie sicher sitzen (z. B. klatschen, patschen o. Ä). Überlegen Sie sich gemeinsam ein Zeichen für Start und Stopp und probieren Sie es ein paar Mal aus. Dann darf ein Kind sich vor die Gruppe stellen und die Kommandos geben. Wenn es gut funktioniert, können Sie die Kinder in zwei Gruppen einteilen. Die zweite Gruppe setzt dann einen Takt später ein als die erste. Jede Gruppe hat ihre eigenen Start- und Stoppzeichen. Nun können die Gruppen manchmal allein, manchmal gemeinsam unisono und manchmal zweistimmig den Rhythmus klatschen.

Vor- und Nachmachen

Alter | 6–8 Jahre
Dauer | 10–15 Minuten

Die Kinder singen ein Lied, z. B. „Fuchs, du hast die Gans gestohlen". Dann klatschen sie nur den Rhythmus. Anschließend wird der Text rhythmisch gesprochen: Sprechen Sie den ersten Satz, die Kinder den zweiten etc. Dann umgekehrt: Die Kinder beginnen, Sie geben Antwort.
Für die Zeichen von Start und Stopp eignen sich diejenigen Kommandos aus dem vorherigen Spiel. Die Kinder setzen ebenfalls einen Takt nacheinander ein, sodass der Rhythmus zweistimmig wird. Die Gruppe überlegt sich Zeichen für „laut" und „leise" und evtl. weitere Zeichen, um das Lied zu variieren.

47 Schnell oder langsam

Alter | 6–8 Jahre
Material | eine größere Trommel und eine Handtrommel oder ein Tamburin
Dauer | 10–20 Minuten

Die Kinder sitzen im Kreis und üben den folgenden Vers:

Schnell oder langsam, es ist immer gut und dran bist du.

Spielen Sie einen ruhigen 2/4-Takt auf der großen Trommel. Währenddessen geben die Kinder im Takt der Trommel eine Handtrommel oder ein Tamburin im Kreis weiter und sprechen dazu den Vers im Takt der Trommel.
Beim letzten Wort „du" stoppen sie das Sprechen und Weitergeben. Das Kind, das nun die Trommel in der Hand hat, darf einen Rhythmus allein spielen und improvisieren. Dann beginnt das Spiel erneut.

Rätsel-Spiel

Alter | 6–8 Jahre
Material | Handtrommel
Dauer | 10–20 Minuten

Schreiben Sie die Namen von zehn bekannten Kinderliedern an die Tafel. Es dürfen auch Geburtstags- oder Weihnachtslieder sein. Es müssen auf jeden Fall Lieder sein, die die Kinder alle kennen.
Ein Kind darf beginnen, den Rhythmus eines der Lieder auf der Handtrommel zu spielen, die anderen müssen erraten, welches es ist. Dann ist das nächste Kind an der Reihe.

49 Klatsch-Spiel

Alter | 6–8 Jahre
Material | ruhige, rhythmische Musik
Dauer | 10–20 Minuten

Die Kinder stehen sich zu zweit in einem Kreis gegenüber, sodass ein Innenkreis und ein Außenkreis entsteht. Dann beginnt das Klatschspiel im 2/2-Takt. Beim ersten Schlag klatschen die Kinder mit beiden Händen in die Hände des gegenüberstehenden Kindes, beim zweiten Schlag in die eigenen Hände. Es wird geübt, bis es reibungslos funktioniert, dann kann es mit Musik gemacht werden. Nun stellen sich die Paare mit ungefähr einem Meter Abstand nebeneinander auf. Jedes Kind macht einen Schritt nach rechts, sodass sie sich nun alle auf Lücke gegenüberstehen. Jetzt beginnt das Klatschspiel wieder, aber nun zu dritt. Jedes Kind klatscht beim ersten Schlag mit der rechten Hand auf die rechte Hand des Kindes, das ihm auf der rechten Seite gegenübersteht, und gleichzeitig mit der linken Hand auf die linke Hand des Kindes, das ihm auf der linken Seite gegenübersteht. Beim zweiten Schlag klatschen die Kinder in ihre eigenen Hände. Wenn es gut funktioniert, können die Kinder dies zu ruhiger Musik versuchen. Als Variation kann das Spiel auch im Dreier-Takt gespielt werden: Beim ersten Schlag klatschen die Kinder mit der einen Hand zum linken Nachbarn, beim zweiten mit der anderen Hand zum rechten Nachbarn, beim dritten in die eigenen Hände. Die Gruppe kann sich selbst auch noch andere Spielvariationen überlegen.

Rhythmus-Suche

Alter | 8–12 Jahre
Material | vier Rhythmusinstrumente
Dauer | 15–20 Minuten

Dieses Spiel kann von acht Kindern gleichzeitig gespielt werden, aber da es nicht lange dauert, können durch den Wechsel der Spieler alle an die Reihe kommen.

Vier Kinder bekommen ein Instrument. Zeigen Sie jedem Kind einen anderen Rhythmus, den es einübt. Nun werden vier andere Kinder gewählt, die jeweils einen der Rhythmen zugeteilt bekommen, z. B. die Trommel zu Kind 1, das Tamburin zu Kind 2 etc.
Prüfen Sie nun, ob die Kinder ihren eigenen Rhythmus erkennen, wenn er gespielt wird. Dazu stellen sich die Spieler auf die eine Seite des Raumes, die vier anderen Kinder stellen sich auf die andere Seite und bekommen die Augen verbunden. Die Rhythmusspieler spielen nun der Reihe nach in willkürlicher Reihenfolge ihren Rhythmus. Die anderen Kinder machen einen Schritt auf den Spieler zu, der ihren Rhythmus spielt. Das Spiel ist zu Ende, wenn jeder seinen Rhythmus gefunden hat.
Dann wird gewechselt und andere acht Kinder sind an der Reihe. Das Spiel wird schwieriger, wenn die Spieler ab und zu lautlos ihre Plätze wechseln. Achten Sie darauf, dass es dabei keine Zusammenstöße gibt.

Der geheime Rhythmus

Alter | 12–16 Jahre
Dauer | 15–20 Minuten

Schreiben Sie vier kurze Nachrichten an die Tafel, die rhythmisch gespielt werden können und sich deutlich voneinander unterscheiden. Die Jugendlichen üben die Rhythmen, dann werden sie in vier Gruppen eingeteilt. Sie stellen sich in einer Linie hintereinander mit Blick auf die Tafel auf.
Nun klopft der Spielleiter eine der Nachrichten auf den Rücken des letzten Kindes einer Gruppe. Bei jeder Gruppe wählt er eine andere Nachricht. Die Kinder geben den Rhythmus an ihren Vordermann schweigend weiter, indem sie ihn auch auf seinen Rücken klopfen, bis er beim ersten Kind vorn angekommen ist. Dieses Kind sagt dann, welche Nachricht es bekommen hat. Derjenige, der zuerst den richtigen Bericht erhalten hat, darf die Rhythmen in der nächsten Runde verschicken.

52 Rhythmisches Orchesterspiel

Alter | 6–10 Jahre
Material | Instrumente für alle Teilnehmer
Dauer | 10–15 Minuten

Die Kinder werden in vier Gruppen eingeteilt. Innerhalb der Gruppe bekommt jedes Kind das gleiche Instrument, z. B. Gruppe A Trommeln, Gruppe B Schellenkränze, Gruppe C Holzinstrumente und Gruppe D Stabinstrumente. Der Reihe nach darf nun jede Gruppe einen Satz von einem bekannten Lied spielen und wird von einem Dirigenten, der vorher gewählt wurde, angeleitet. Demzufolge spielt z. B. Gruppe A „Der Kuckuck und der Esel", Gruppe B „die hatten einen Streit" usw. Als Variation können verschiedene Lieder und auch ein Kanon ausprobiert sowie die Instrumente gewechselt werden.

53 Liedrhythmus-Spiel

Alter | 8–12 Jahre
Material | Würfel, Handtrommel
Dauer | unbegrenzt

Schreiben Sie zwei bekannte Kinderlieder an die Tafel.
Die erste Strophe wird in sechs Zeilen eingeteilt.

Beispiele:

1. Der Kuckuck und der Esel,
2. die hatten einen Streit.
3. Wer wohl am besten sänge,
4. wer wohl am besten sänge,
5. zur schönen Maienzeit,
6. zur schönen Maienzeit.

1. Summ, summ, summ!
2. Bienchen, summ herum!
3. Ei, wir tun dir nichts zuleide,
4. flieg nur aus in Wald und Heide!
5. Summ, summ, summ!
6. Bienchen, summ herum!

Der Text muss auf jeden Fall in sechs Sätze verteilt und nummeriert werden. Wenn ein Lied acht Sätze enthält, werden zwei zusammengefügt. Nun spielen immer zwei Kinder gegeneinander: Sie müssen den Rhythmus von jedem Satz gut klatschen oder auf der Trommel spielen können. Ein Kind bekommt Lied A zugeteilt, das andere Lied B – das Los entscheidet. Dann würfelt das erste Kind. Die Zahl, die oben liegt, bestimmt, welcher Satz gespielt werden soll. Für jeden richtigen Rhythmus bekommt das Kind einen Punkt und darf so lange weiterwürfeln, bis es einen Fehler macht.

Dann ist das andere Kind an der Reihe und darf Punkte sammeln. Wer hat als erstes sechs Punkte? Danach sind zwei andere Kinder an der Reihe.
Die Lieder können auch gewechselt werden. Bei älteren Kindern können Sie auch englische Lieder, wie z. B. „Drunken sailor" oder „My Bonnie is over the ocean", verwenden.

Afrikanisches Rhythmusspiel

Alter | ab 8 Jahre
Material | verschiedene Handtrommeln, eine große Trommel
Dauer | 10–20 Minuten

Dieses Spiel hat seinen Ursprung in der typisch afrikanischen Musikform des Fragens und Antwortens: Der Solist spielt etwas vor, die Gruppe antwortet darauf.
Alle Kinder haben eine Trommel oder klatschen in die Hände. Spielen Sie auf einer großen Trommel den Grundrhythmus eines 4/4-Taktes vor. Ein Kind beginnt, innerhalb eines Taktes zu improvisieren, im nächsten Takt wiederholt die Gruppe das Gehörte. Dann spielt der Solist einen anderen Takt, der ebenfalls wiederholt wird. Nach einer Weile kommt ein anderes Kind an die Reihe und denkt sich neue Variationen aus. Wenn es zu schwierig ist, können die gleichen Takte auch einige Male wiederholt werden.

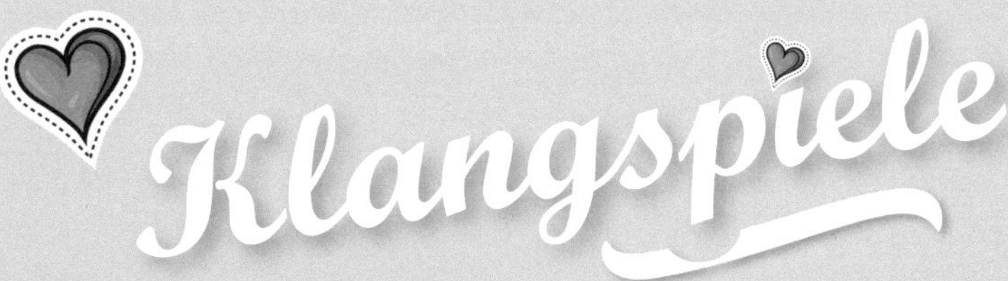

Die hier aufgeführten Klangspiele sind eine besondere Form von Ausdrucksspielen. Als Ausgangspunkt für eine musikalische Geräuschcollage wird eine Zeichnung verwendet. Diese Spielform ähnelt dem Musizieren nach einer grafischen Partitur, ist aber spielerischer und die Interpretationsmöglichkeiten sind viel größer. Zudem kann sich jeder Schüler beteiligen, ungeachtet seiner musikalischen Kenntnisse. Die Kinder und Jugendlichen lernen auf spielerische und lustige Weise alternative Musiknotationen und Klangzeichen kennen. Diese Spielformen sind daher ein wichtiger Bestandteil des elementaren Musikunterrichts. Mithilfe der Klangspiele üben die Schüler die wichtigsten musikalischen Parameter, wie Tonhöhe, Tondauer, Klangfarbe, Stimmgebrauch und Instrumentenführung.

Hinweise

- Bei diesen Klangspielen geht es darum, dass die Kinder entdecken, wie sie ihre Stimme und die Instrumente auf verschiedene Weise nutzen können, um zu einem musikalischen Resultat zu kommen.
- Die Schüler werden mit unterschiedlichen Darstellungen von grafischen Partituren vertraut gemacht.

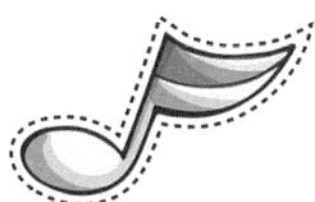

55 Der Klangbaum

Alter | 6–12 Jahre
Dauer | 10–15 Minuten

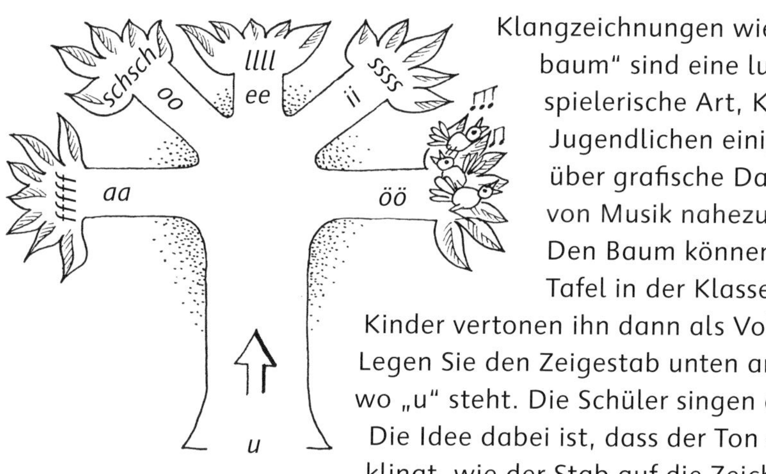

Klangzeichnungen wie der „Klangbaum" sind eine lustige und spielerische Art, Kindern und Jugendlichen einige Begriffe über grafische Darstellung von Musik nahezubringen. Den Baum können Sie an die Tafel in der Klasse malen. Die Kinder vertonen ihn dann als Vokal wie folgt: Legen Sie den Zeigestab unten an den Stamm, wo „u" steht. Die Schüler singen ein tiefes „u". Die Idee dabei ist, dass der Ton so lange klingt, wie der Stab auf die Zeichnung zeigt. Wenn der Stab sich nicht bewegt, bleibt auch der Klang unverändert. Wenn der Stab nach oben geht, bedeutet das einen höheren Klang, wenn er nach unten geht, einen tieferen. Mit dem Zeigestab nach links oder rechts zu deuten, verändert nichts an der Tonhöhe, nur die Buchstaben können sich verändern.

Sehen Sie sich den Baum mit den Schülern etwas näher an: Der Stamm besteht aus einem kräftigen U-Klang, der tief beginnt und immer höher wird. Die Zweige bestehen aus Vokalen, die entweder auf der gleichen Höhe gesungen werden oder langsam ansteigen. Die Blätter stellen Konsonanten dar, die so lange klingen, wie es der Stab anzeigt. Auf den rechten Blättern hört man nur das Pfeifen der Vögel.

Der Baum kann auf unterschiedliche Weise bespielt werden: Beginnen Sie, unten auf den Stamm zu zeigen, und gehen Sie dann langsam weiter zu dem ersten Zweig links. Dabei verändert sich der U-Klang, wird zu „aa" und endet mit „fffff". Nehmen Sie dann den Stab von der Zeichnung weg (es ist also einen Moment still), beginnen Sie dann wieder von unten. Gehen Sie nun weiter zu einem anderen Zweig etc. Sie können auch von den Blättern aus die Zweige entlang nach unten gehen und zu einem anderen Zweig gelangen, sodass der ganze Baum auch ohne Unterbrechung ausgeführt werden kann.

Wenn Sie einige Beispiele durchgespielt haben, dürfen die Schüler auch versuchen, dem Baum entsprechend zu „dirigieren". Natürlich kann er auch andere Klänge enthalten. Die Schüler können den Baum auch selbst malen und beschriften.

56 Die Sackgasse

Alter | 6–12 Jahre
Dauer | 10–15 Minuten

Die „Sackgasse" basiert auf den gleichen Prinzipien wie der Klangbaum. Allerdings werden hierbei etwas lautere und aggressivere Geräusche verwendet, ähnlich wie im echten Verkehr. Mit einem brummenden „Aaaaa"-Geräusch wird ein Auto imitiert, das jeweils in eine der Sackgassen abbiegt (und hierbei den Ton verändert) und dann am Ende bremst, hupt, die Scheibenwischer anmacht etc. Diese Geräusche sind auf einer Karte eingezeichnet. Auch hier kann jedes Mal wieder von unten angefangen werden oder nach dem Ankommen in der Sackgasse gedreht und weitergefahren werden. Geben Sie auch den Kindern die Gelegenheit, zu dirigieren.
Alternativ: Die Autos fahren über eine Schotterpiste. Der Kies knirscht, dann fahren sie unter lautem Hupen weiter durch eine große Pfütze, während die Scheibenwischer schnell hin- und hergehen. Plötzlich geraten sie in eine Schneewehe und müssen stark bremsen (quietschen). Schließlich fahren sie auf einer schmalen Straße mit Kopfsteinpflaster, und da es so warm geworden ist, lassen sie die Scheiben herunter und genießen den kühlenden Wind (pusten).

57 Die Rennbahn

Alter | 6–12 Jahre
Dauer | 10–15 Minuten

Die Rennbahn ist ein Klangspiel, bei dem die Gruppe in zwei Mannschaften eingeteilt werden kann: Die eine Hälfte spielt das Rennauto, die andere Hälfte die Fans entlang der Strecke. Auch dieses Spiel wird vokal ausgeführt.
Das Rennauto startet mit einem lauten „Peng" des Startschusses, gefolgt von dem „Brrrrrrummmm"-Geräusch des Motors. Es wird schnell höher und verändert sich in ein schrilles „Iiiiiiieh"-Geräusch, wenn die Reifen in der Kurve quietschen. Wenn das Auto bei den Fans vorbeikommt (der anderen Gruppe), machen diese kräftig mit: jubeln und klatschen! Nach der zweiten Kurve befinden sich die Autos auf der Zielgeraden. Die Fans jubeln dem Sieger zu.

58 Klangspaziergang durch die Natur

Alter | 10–16 Jahre
Material | Instrumente für alle Teilnehmer
Dauer | 15–20 Minuten

Diese Klangzeichnung wird mit Instrumenten ausgeführt. Hierfür können so viele verschiedene Instrumente wie möglich verwendet werden. Die Spielidee ist, eine Wanderung durch Geräusche darzustellen – was währenddessen zu hören ist, kann man von der Zeichnung ableiten. Malen Sie Landschaft an die Tafel (z. B. Wald, Dorf/Stadt mit Regenwolken darüber, Berg im Sonnenschein, Meer). Besprechen Sie zunächst mit den Kindern und Jugendlichen, welche Geräusche der Wanderer auf seinem Weg von links am Waldrand bis rechts ans Meer hören könnte und wie man das auf den Instrumenten ausdrücken könnte.
Zunächst kommen die Waldgeräusche: Wie klingt das Rauschen eines Baumes im Wind, das Gezwitscher von Vögeln? Die Kinder üben kurz. Danach kommt ein Dorf, in dem gerade die Kirchturmuhr schlägt. Wie spät ist es? Es beginnt zu regnen – zunächst fallen nur einige Tropfen, aber bald wird der Regen immer heftiger. Wie kann man das imitieren? Danach folgen Blitz und Donner! Die Kinder können es ruhig kräftig donnern lassen – schon bald ist das Gewitter

wieder vorbei. Das Unwetter und die Regengeräusche werden immer weniger, während der Wanderer den Berg hinabsteigt und zum Strand gelangt, an dem er das Meeresrauschen hört: Geräusche von der Brandung und dem Wind. In der Ferne hört man das Hornsignal eines Schiffes. Natürlich müssen auch die ganze Zeit die Schritte des Wanderers zu hören sein: Sie können von einem Kind auf der Handtrommel gespielt werden. Es ist schön (und kann die Konzentration steigern), wenn Sie von dieser „Wanderung" eine Aufnahme machen und die Kinder sie in der nächsten Stunde gemeinsam anhören.

59 Klangspaziergang durch das Haus

Alter | 10–16 Jahre
Material | Instrumente für alle Teilnehmer
Dauer | 20–30 Minuten

Zeichnen Sie einen einfachen Grundriss einer Wohnung an die Tafel:

- Wohnzimmer
- Küche
- Bad
- WC
- Schlafzimmer

Lassen Sie die Kinder nun typische Geräusche nennen, die in diesen Zimmern zu hören sind:

- Wohnzimmer: Gespräche, Kinder spielen, TV- oder Radiogeräusche
- Küche: Kochgeräusche, Töpfe und Besteck klappern, Teekessel pfeift
- Bad: Wasser fließt, jemand singt unter der Dusche
- WC: Spülung
- Schlafzimmer: Schnarch- und Schlafgeräusche, Wecker läutet

Zunächst wird entschieden, ob alle gemeinsam jedes Zimmer darstellen oder die Kinder in fünf Gruppen eingeteilt werden und jeweils ein Zimmer vorstellen. Dann üben die Kinder, die Geräusche mit Instrumenten so realistisch wie möglich darzustellen. Zum Schluss wird eine Strecke durch das Haus gewählt und die Geräusche vorgeführt, sodass eine Klangcollage in fünf Teilen entsteht. Das Stück können Sie evtl. aufnehmen und im Anschluss oder in der folgenden Stunde noch einmal gemeinsam anhören.

60 Body Music

Alter | 8–12 Jahre
Dauer | 15–20 Minuten

Dieses Spiel ist ein Klangspiel mit Geräuschen unseres eigenen Körpers. Was können wir mit den Händen tun? Klatschen, reiben oder mit den Fingern schnipsen. Was können wir mit den Füßen machen? Stampfen oder scharren. Was können wir mit dem Mund? Pfeifen, zischen, mit der Zunge schnalzen oder Töne erzeugen. Diese drei Arten von Geräuschen können Sie für eine einfache Partitur nutzen und durch Symbole notieren.

Beispiel:

K: in die Hände klatschen
F: mit den Fingern schnipsen
R: reiben
St: mit den Füßen stampfen
Sch: scharren
+: mit der Zunge schnalzen

Andere Geräusche mit dem Mund werden in Worten ausgeschrieben.

Eine Partitur könnte so aussehen:

Hände:	F F F F	F R R		K (8x)
Füße:		St St	Sch Sch	St St St St
Mund:			+ wau	

Die Reihe kann zum Beispiel zweimal wiederholt werden.
Ein Rhythmus ist nicht vorgegeben, aber indem die Symbole langsam nacheinander ausgeführt werden, kann ein gemeinsames Stück entstehen.
Die Kinder können sich auch selbst Symbole und Geräusche überlegen und eine Partitur erstellen.

Variation:
Wenn die Buchstaben durch Punkte und Striche ersetzt werden, können Sie auf spielerische Weise die Begriffe „grafische Partitur" und „Klangcollage" einführen.

Die Reise zur Schatzinsel

Alter | ab 10 Jahre
Material | Instrumente für alle Teilnehmer
Dauer | 20–30 Minuten

Die nachfolgende Zeichnung stellt die Reise eines Schiffes dar, das aus dem Hafen (A) fährt und eine Fahrt zu einer unbekannten Insel unternimmt, auf der ein Schatz verborgen sein soll. Die Mannschaft findet den Schatz und nach einer Reise voller Gefahren kommen die Seeleute wieder sicher im Heimathafen an. Malen Sie die Zeichnung an die Tafel oder kopieren Sie sie vergrößert und hängen Sie sie auf. Bei diesem Spiel geht es um das Darstellen von Geräuschen und Klängen. Die gesamte Reise kann zu einer größeren Einheit zusammengefasst werden, indem das „Schiff" ein kurzes musikalisches Motiv von vier Noten erhält, das durch das ganze Stück hindurch immer wiederholt wird. Es kann zum Beispiel auf einem Metallophon oder einem Klavier gespielt werden. Die Kinder können es sich selbst ausdenken und es kann einstimmig durch ein oder zwei Kinder gespielt werden.

Teilen Sie die Kinder nun in vier Gruppen ein:

1. Das Schiff: ein oder zwei Kinder mit einem Melodie-Instrument
2. Meeresgeräusche: Instrumente und/oder Stimme
3. Walfische und Möwen: Stimme
4. Alle übrigen Klänge: Trommeln der Eingeborenen, Gewitter, Klimpern des Schatzes

Die Geräusche werden zunächst ausprobiert und einstudiert. Dann gehen die Kinder an der gestrichelten Linie entlang auf die Reise.

A. Das Schiff verlässt den Hafen, die Ankerkette rasselt, das Schiffshorn erklingt.

B. Das Motiv des Schiffes ist zu hören und bleibt die ganze Zeit konstant, nur auf der Insel ist es still.

C. Die Geräusche der Brandung und der Wellen begleiten die Kinder auf der ganzen Reise, sie sind aber immer etwas leiser als das Schiff.

D. Sie hören Walfische (lange, hallende U-Geräusche mit der Stimme, evtl. echte Walgeräusche vorab anhören).

E. Die Kinder gehen auf der Insel an Land und laufen zum Platz des Schatzes. Die Meeres- und Schiffsgeräusche stoppen, Schritte erklingen, in der Ferne sind die Trommeln der Eingeborenen zu hören.

F. Sie finden den Schatz. Es sind Jubelrufe und das Klingen der Münzen des Schatzes zu hören.

G. Sie gehen zurück zum Schiff (Schritte) und setzen Kurs auf die Heimat (Schiffs- und Meeresgeräusche).

H. Sie verlieren den Kurs und geraten in ein schweres Gewitter.

I. Das Meer wird wieder ruhiger und sie hören wieder die Walfische. Als Zeichen, dass sie sich dem Festland nähern, hören sie Möwen, und gelangen schließlich in den sicheren Hafen (alles wird still).

(nach einer Idee von Christopher Denmann in „Music in the Making – Ten Scenarios", Cambridge University Press, 1984)

Die Reise zur Schatzinsel

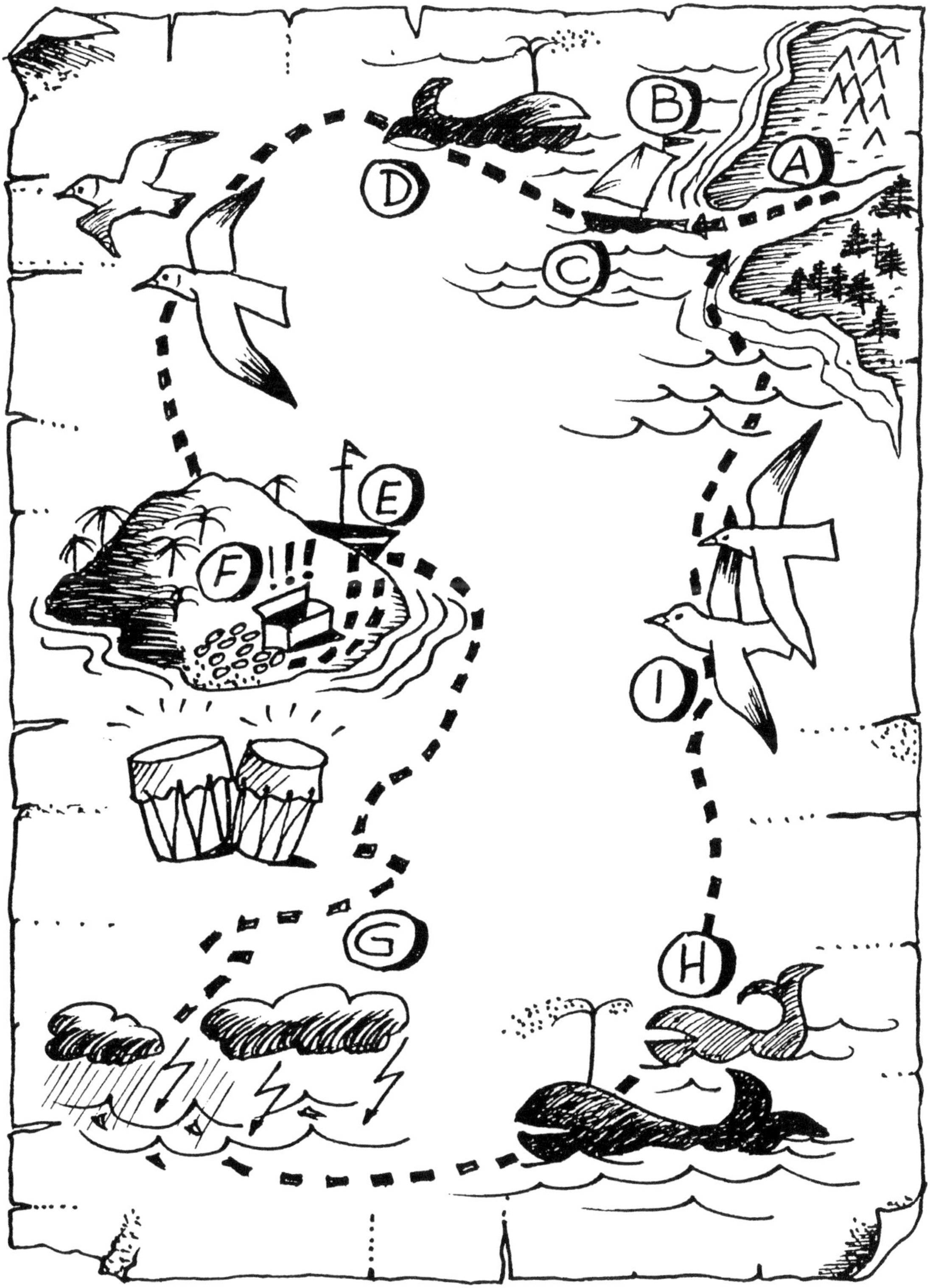

© Verlag an der Ruhr | Autor: Ger Storms
ISBN 978-3-8346-3886-1 | **www.verlagruhr.de**
Karte: © Jos Hoenen
Icon: © balabolka – Fotolia.com

62 Der Flipper

Alter | 12–16 Jahre
Material | mindestens acht verschiedene Instrumente (z. B. Becken, Trommel, Schellenkranz oder Glöckchen, Tamburin, Glockenspiel, Metallophon, Rumbarassel und Holzblock)
Dauer | 15–20 Minuten

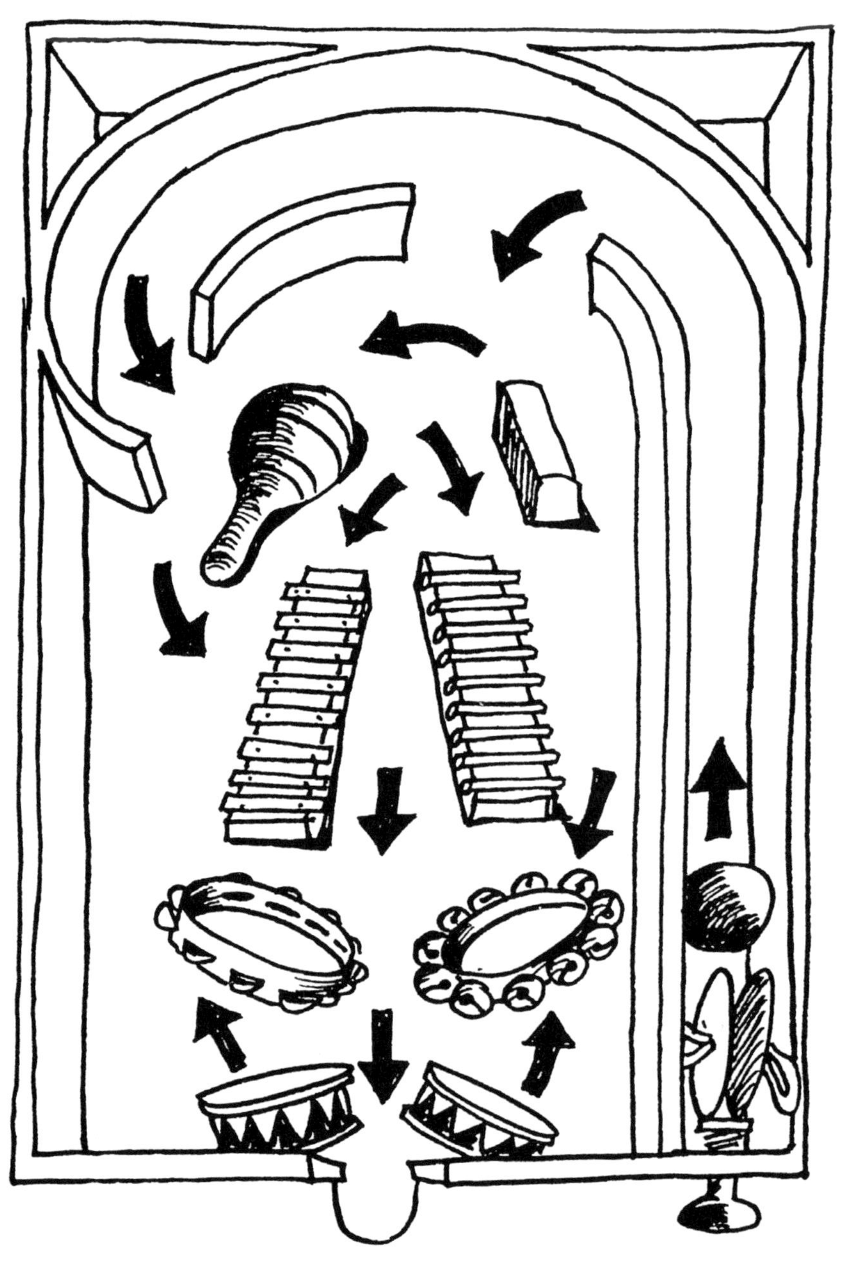

Die Gruppe hat acht verschiedene Instrumente: Becken, Trommel, Schellenkranz oder Glöckchen, Tamburin, Glockenspiel, Metallophon, Rumbarassel und Holzblock. Sie können die Instrumente auch doppelt verteilen, sodass 16 Kinder gleichzeitig an dem Spiel teilnehmen können.

Zeichnen Sie einen Flipper an die Tafel (eigene Variationen sind natürlich auch möglich). Zeigen Sie mit einem Stock den Weg der Kugel. Sie kann den ersten oder zweiten Eingang nehmen und landet nach einigen Spielzügen am Ausgang. Die Kinder sollen nun immer das Instrument vertonen, das gerade berührt wird, wenn der Spielleiter darauf zeigt. Das Abschießen der Kugel wird durch einen Schlag mit dem Becken angezeigt. Dann schlägt sie gegen den Holzblock und über das Glockenspiel (Tonleiter abwärts) gegen das Tamburin, weiter durch den Flipper (Trommelschlag) wieder aufwärts etc. Leiten Sie die ersten Runden. Im Anschluss kann ein Kind diese Aufgabe übernehmen. Wenn die Flipper gar nicht oder zu spät auf die Kugel reagieren, rollt sie ins Aus und das Spiel ist beendet.

63 Grafische Partitur

Alter | ab 12 Jahre
Material | Instrumente für die Hälfte der Gruppe
Dauer | 20–30 Minuten

Erklären Sie der Gruppe zunächst, was eine Partitur ist: Man kann durch Linien und Punkte den Klang einer Stimme oder eines Instrumentes darstellen. Diese Form ist weltweit bekannt. Zeichnen Sie einige Beispiele einer Stimmpartitur an die Tafel. Dann können die Jugendlichen zu zweit eine Partitur für eine Stimme und ein Instrument auf ein Blatt Papier aufzeichnen. Jedes Paar hat ein Instrument: Ein Kind spielt auf dem Instrument, das andere macht die Töne mit der Stimme.

Nun bekommt jede Partitur eine andere Nummer, die deutlich sichtbar in eine Ecke des Blattes geschrieben und an der Wand aufgehängt oder so hingelegt wird, dass jeder sie gut sehen kann. Die Namen der Komponisten sind nicht bekannt, nur die Kinder selbst wissen, von wem die Partitur ist. Die Paare führen nun nacheinander ihre Stücke auf. Die anderen dürfen raten, welche Partitur zum jeweiligen Stück gehört, und schreiben die Nummer auf einen Zettel. Zum Schluss wird verglichen, wer richtig geraten hat.

64 Das Wetter-Spiel

Alter | alle Altersgruppen
Material | viele verschiedene Instrumente
Dauer | 15–20 Minuten

Malen Sie ein Fantasieland mit sechs verschiedenen Wettertypen an die Tafel. Das Wetter kommt in diesem Land gleichzeitig vor: An einem Ort scheint die Sonne, an einem anderen regnet, hagelt oder schneit es. Schreiben Sie die Bedeutung der Symbole am besten für alle gut sichtbar unten an die Tafel.
Verteilen Sie die Instrumente an die Gruppe. Die Kinder probieren zunächst aus, wie die Wettertypen vertont werden können.
Beispiel: Die Sonne und die Vögel können mit den fröhlichen Klängen eines Glockenspiels und einer Flöte gespielt werden, der Regen durch leichtes Anschlagen der Trommel mit den Fingern, der Wind mit Blas- und „Hui"-Geräuschen, Gewitter mit harten Trommel- und Beckenschlägen, Hagel mit schnellem Antippen auf Holzinstrumenten, Schnee durch leichte gedämpfte Klänge mit den Fingern auf einem Stabspiel etc.
Machen Sie nun mit einem Zeigestab eine Reise durch das Land. Die Kinder vertonen die einzelnen Wettergebiete.
Danach können einige Kinder die Regie übernehmen und sich neue Wettersituationen ausdenken.

Tanz- und Bewegungsspiele

In diesem Kapitel werden Tanz- und Bewegungsspiele beschrieben, die unter den Begriff „Kreativer Tanz“ fallen. Sie finden hier also keine bestehenden Volks- oder Jazztänze mit einer vorgegebenen Choreographie, sondern die Bewegungen werden innerhalb eines bestimmten Rahmens ganz oder teilweise improvisiert. Eine Literaturempfehlung für diese Form des Tanzes ist das Buch „100 kreative Tanzspiele“ von Paul Rooyackers.
Für diese Spiele ist ein leeres Klassenzimmer oder eine Turnhalle mit einer Musikanlage geeignet. Die Auswahl der Musik ist frei. Bei jedem Spiel wird ein Stil genannt, der dafür geeignet ist, z. B. schnelle Tanzmusik, Disco oder langsamer Walzer. Sie können auch aus Ihrem eigenen Fundus die passende Musik auswählen.
Das Erkennen von einfachen musikalischen Strukturen ist Teil einiger Spiele und liefert somit einen Beitrag zum elementaren musikalischen Lernen.

Hinweise

- Tanz- und Bewegungsspiele fördern die Improvisation und das Rhythmusgefühl.
- Sie sind als Abschluss einer Stunde oder eines Projektes sehr gut geeignet, um noch einmal überschüssige Energie loszuwerden.
- „Bezaubernde Disco“, „Auto-Tanz“ und „Limbo“ sind ideale Tanzspiele, um sich auszudrücken.

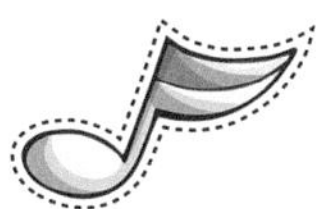

65 Steh-Tanz

Alter | ab 8 Jahre
Material | Discomusik
Dauer | 5 Minuten

Alle Spieler stehen im Kreis oder sind im Raum verteilt. Erklären Sie, dass die Kinder sich am Anfang nicht bewegen dürfen. Jeder steht vollkommen still da. Nur die Körperteile, die aufgerufen werden, dürfen in Bewegung kommen. Dann wird Musik angemacht, z. B. Discomusik. Rufen Sie nach einigen Sekunden: „Kleiner Finger rechte Hand". Jetzt dürfen alle diesen Körperteil bewegen. Es folgen z. B. Kopf, Daumen linke Hand, rechter Fuß, linke Schulter, Mund, rechte Hand, linkes Bein, Hüfte etc., bis der ganze Körper in Bewegung ist. Dabei bleiben die Spieler auf ihren Plätzen stehen.
Am Ende kann jeder Körperteil wieder Schritt für Schritt ausgeschaltet werden und der Tanz endet im Stillstand.

Stock-Tanz

Alter | 6–10 Jahre
Material | langsame Walzermusik, Zeitschriften oder Stöcke
Dauer | 5–10 Minuten

Die Kinder machen aus einer aufgerollten Seite einer Zeitschrift zwei Stöckchen von ca. 30–40 cm Länge oder benutzen einen anderen Stock, der auch verziert werden kann.
Zwei Kinder setzen sich einander gegenüber auf den Boden und überlegen sich drei verschiedene Bewegungen mit den Stöckchen zu einem ¾ Takt, die dann spiegelgleich ausgeführt werden sollen. Zur Musik eines langsamen Walzers tanzen die Kinder ihr Stück.

Beispiel:

1. Die Stöcke werden auf den Boden getippt.
2. Die eigenen Stöcke werden gegeneinander geschlagen.
3. Die Stöcke werden gekreuzt mit dem Partner gegenüber aneinandergeschlagen.

67 Auto-Tanz

Alter | ab 10 Jahre
Material | Boogie-Woogie- oder Rhythm-&-Blues-Musik
Dauer | 10–15 Minuten

Dieser Tanz besteht aus sechs verschiedenen Teilen, die die Bewegungen beim Autofahren symbolisieren. Jeder Teil enthält vier Takte, die wiederholt werden: erst viermal rechts, dann viermal links. Für den Tanz wird Musik mit einem Bluesschema, z. B. „Boogie-Woogie", gewählt, das immer 12 Takte enthält. Der Zyklus ist dann deutlich zu hören und die Kinder können leicht mit ihrem Einsatz beginnen. Darum wird dieser Tanz auch der „Bluestanz" genannt. Die Gruppe stellt sich in zwei Reihen mit ca. einem Meter Abstand einander gegenüber auf, die Gesichter zeigen zueinander.

Schreiben Sie die Schrittfolge am besten an die Tafel:

1. Gas geben: 4-mal mit dem rechten Fuß die Bewegung vom Gasgeben machen, dann 4-mal mit dem linken Fuß
2. Fenster herunterlassen: 4-mal mit dem rechten Arm tippen, als ob man ein Fenster herunterlässt, 4-mal mit der linken Hand
3. Steuern: Mit beiden Händen eine Drehbewegung machen, als ob wir ein Lenkrad in der Hand halten, erst 4-mal nach rechts, dann 4-mal nach links
4. Scheibenwischer: Die Arme anwinkeln und die Hände vor dem Gesicht hin- und herschwenken
5. Gangschaltung: Die rechte Hand von vorn nach hinten schieben, dann das Gleiche links
6. Schiebedach aufmachen: Mit einer kleinen Bewegung über dem Kopf, erst mit der rechten, dann mit der linken Hand das Schiebedach öffnen

Nach diesen 12 Takten beginnt die ganze Einheit von vorn, bis das Stück zu Ende ist. Der ganze Körper schwingt dabei mit und die Bewegungen können auch deutlich übertrieben dargestellt werden.

68 Bezaubernde Disco

Alter | ab 12 Jahre
Material | Musik mit langsamem Intro
Dauer | 10 Minuten

In diesem Spiel reisen die Teilnehmer auf einen entfernten, verzauberten Planeten, auf dem die verrücktesten Dinge passieren. Die Gruppe stellt sich in einem Kreis mit dem Blick nach außen auf, jeder hakt sich beim Nachbarn ein und alle gehen in die Hocke. Die Reise zu diesem Planeten beginnt mit der Fahrt in einer Rakete. Wählen Sie dafür ein schnelles Musikstück mit einem langsamen Anfang. Zunächst erheben die Spieler sich langsam (Start), und sobald die Musik schneller wird, lassen sie ihre Nachbarn los und drehen sich mit einem Sprung um (Landung). Dann beginnen sie, frei im Raum zu tanzen. Stoppen Sie nach einer Weile die Musik und rufen Sie: „Wir stehen auf einem Vulkan und die Erde wird immer heißer und heißer!" Die Musik geht wieder an und die Teilnehmer stellen dieses Bild tänzerisch dar. Dann stoppt die Musik wieder: „Der Himmel senkt sich!" Die Tänzer bewegen sich in gebückter Haltung weiter. Jetzt folgt ein Meteoritenhagel und schließlich wird die Schwerkraft immer größer (oder immer geringer), bis die Spieler sich nicht mehr bewegen können und auf dem Boden liegen oder dem Raum entschweben.

Aus dem Takt – im Takt

Alter | ab 10 Jahre
Dauer | 5–10 Minuten

Alle Kinder laufen durcheinander im Raum umher. Auf Ihr Zeichen hin versuchen alle, im gleichen Takt zu laufen. Ist dieser Takt schnell oder langsam? Wer gibt den Rhythmus vor? Wie lange dauert es, bis alle im gleichen Takt laufen? Dann laufen alle wieder durcheinander, bis erneut ein Zeichen erklingt usw.

70 Tausendfüßler-Tanz

Alter | ab 10 Jahre
Material | rhythmische Tanzmusik
Dauer | 5 Minuten

Dieses Spiel ist ein kurzer Kettentanz, der für eine kleine Einheit zwischen zwei Aktivitäten gut geeignet ist. Die Gruppe steht in einer langen Reihe hintereinander. Jeder hält seinen linken Arm zwischen seinen Beinen nach hinten. Das Kind hinter ihm hält diesen Arm mit seiner rechten Hand fest. Auf diese Weise hält sich die ganze Gruppe fest. Starten Sie eine rhythmische Musik, zu der sich die Kinder bewegen und durch den Raum laufen. Wenn möglich, können sie einen Schritt pro Takt machen.

71 Spaghetti-Tanz

Alter | ab 8 Jahre
Material | Tanzmusik mit langsamer Einleitung
Dauer | 5–10 Minuten

Bei diesem Spiel sollen die Kinder sich vorstellen, dass sie rohe Spaghetti sind und der Raum ein Topf mit Wasser ist, in dem sie gekocht werden. Am Anfang liegen alle ganz steif auf dem Boden. Die Musik beginnt sehr langsam und ruhig. Die Kinder drehen sich langsam hin und her. Sobald die Musik schneller wird, ist das Wasser heiß und die Spaghetti werden weicher und beweglicher. Wenn das Wasser schließlich kocht, bewegt sich die Gruppe immer wilder, bis die Musik wieder stoppt und alle ruhig auf dem Boden liegen.

72 Blindenpolka

Alter | ab 10 Jahre
Material | 3–4 Musikstücke, Tücher für die Hälfte der Gruppe
Dauer | 10–15 Minuten

Die Hälfte der Spieler bekommt die Augen verbunden. Jeder „blinde" bekommt einen „sehenden" Partner. Die Sehenden nehmen ihren Partner an der Hand und tanzen mit ihm zur Musik durch den Raum.

Nach einer Weile wechseln die Partner: Jeder Blinde bekommt einen neuen Sehenden und tanzt mit ihm weiter. Wenn alle mit jedem Partner einmal getanzt haben, wird gewechselt – die Sehenden werden nun zu Blinden und das Tanzspiel beginnt von Neuem.

Limbo

Alter | ab 10 Jahre
Material | südamerikanische Musik, ein Besenstil oder ein Stock
Dauer | 10–15 Minuten

Das Spiel beginnt mit einer swingenden südamerikanischen Musik.
Alle Kinder tanzen frei im Kreis. Ein Stab wird in der Mitte des Kreises horizontal einen Meter hoch über dem Boden festgemacht oder festgehalten.
Die Kinder können nun nacheinander unter dem Stab hindurchtanzen, ohne dass ihre Hände den Boden berühren.
Nach jeder Runde wird der Stab um 5 cm weiter heruntergesetzt.
Wer hält am längsten durch?

74 Trommel-Tanz

Alter | ab 8 Jahre
Material | Trommeln oder ein Tamburin für die Hälfte der Teilnehmer
Dauer | 10–15 Minuten

Die Kinder stehen sich in zwei Reihen oder einem Innen- und einem Außenkreis gegenüber. Jedes Kind hat einen Partner, der ihm direkt gegenübersteht. Einer der beiden hat eine Trommel oder ein Tamburin in der rechten Hand, der andere einen Trommelschlägel.
Das Instrument wird nun von dem Kind nach vorn und hinten geschwungen. Wenn es vorn ist, schlägt das andere Kind einmal mit seinem Schlägel darauf. Lassen Sie die Kinder zunächst einige Zeit üben.
Dann versuchen die Paare, einen gemeinsamen Takt zu finden.
Wenn das gut gelingt, probieren sie folgenden Rhythmus aus:
Schwingen – Schlag – Schwingen – Pause – Schwingen – Schlag
Schlag – Schwingen – Pause.

Entspannungsspiele

Bei den Spielen in diesem Kapitel geht es nicht darum, dass die Kinder etwas lernen. Die Spiele können aber den Kindern ein tiefes Gefühl der Entspannung vermitteln und sind jederzeit innerhalb oder außerhalb der Schule anwendbar.
Wenn ein Unterrichtsfach sehr viel Konzentration von den Schülern fordert, kann es hilfreich sein, vorab einige Entspannungsübungen zu machen. Auch bei Lern- und Schlafproblemen sind diese Übungen zu empfehlen.
Es handelt sich um musikalische Entspannungsübungen, da ihre Wirkung u. a. durch entspannende Hintergrundmusik (New-Age-Musik) erzielt wird. Die Titel sind bei der Spielbeschreibung aufgeführt und sollten so leise gespielt werden, dass der gesprochene Text noch gut zu hören ist bzw. die Wirkung der Worte noch verstärkt wird. Idealerweise liegen die Kinder auf Isomatten oder Decken in einem warmen, ruhigen Raum. Wenn dies nicht möglich ist, können die Übungen auch in einer entspannten Sitzhaltung ausgeführt werden.

Hinweise

- Lesen Sie mit ruhiger, langsamer Stimme den Text vor. Machen Sie viele Pausen, in denen die Musik leise im Hintergrund zu hören ist.
- Diese Spielform wird auch Fantasiereise genannt.

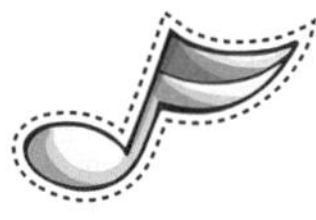

75 Reise unter Wasser

Alter | 6–10 Jahre
Material | Musik mit Wassergeräuschen, z.B. Wellenrauschen, Bachgeplätscher, Springbrunnen
Dauer | 5 Minuten

Bei diesem Spiel handelt es sich um eine Fantasiereise, bei der die Kinder tiefe Entspannung erfahren können.
Die Kinder sitzen auf ihren Stühlen und können ihren Kopf auf die verschränkten Arme auf dem Tisch ablegen. Die Reise dauert nur drei bis vier Minuten und beginnt mit leiser Musik. Alle schließen die Augen. Lesen Sie mit ruhiger Stimme und langsam (die Lücken im Text zeigen einige Sekunden Pause an).

Diese Musik verzaubert dich. Du kannst ab sofort unter Wasser atmen, genau wie eine Seejungfrau. Atme nun ganz tief ein. (…) Die Verzauberung beginnt jetzt. (…) Du verwandelst dich ganz langsam in eine Seejungfrau oder einen Wassermann. (…) (Musik)

Mit jedem Atemzug verändert sich ein Teil deines Körpers. (…) Deine Beine wachsen zusammen und werden zu einer Flosse. (…) Auf deinem Körper wachsen überall Schuppen. (…) Atme nochmals tief ein und aus (…) Nun kannst du unter Wasser schwimmen. (…) Vertraue dich dem Wasser an und tauche immer tiefer und tiefer hinab. (…) (Musik)

Unter Wasser ist alles hellblau. (…) Du schaust dich um und siehst überall grüne Wasserpflanzen. (…) Du siehst bunte Fische, die dich verwundert anstarren. (…) Du schaust auf den Meeresboden und siehst überall Krabben und Muscheln. (…) (Musik)

Nun tauchst du langsam wieder auf, immer höher und höher, bis dein Kopf aus dem Wasser herausragt. Die Verzauberung endet langsam, die Schuppen verschwinden und die Flosse verwandelt sich wieder in Beine. Du schwimmst zum Strand, legst dich in die warme Sonne und machst die Augen ganz langsam wieder auf. (…) (Musik langsam beenden)

76 Frühlingsspaziergang

Alter | 6–10 Jahre
Material | ruhige, fröhliche Musik, evtl. mit Vogelgezwitscher
Dauer | 5–10 Minuten

In dieser Fantasiereise machen die Kinder einen schönen Spaziergang in der Natur, der mit leiser Musik und Vogelgezwitscher untermalt wird.
Die Kinder suchen sich eine angenehme Sitz- oder Liegeposition im Raum und schließen die Augen. Beginnen Sie, leise zu erzählen:

Stelle dir vor, dass du langsam nach draußen gehst. (...) Aber dort hat sich alles verändert. Überall um dich herum ist Wald. Das Wetter ist sehr schön, die Sonne scheint, die Vögel zwitschern und du beschließt, einen Spaziergang zu machen. (...) Ein kleiner Pfad führt durch den Wald. Du betrittst ihn nun. (...) (Musik)

Nachdem du eine Weile gelaufen bist, wird der Wald lichter. (...) Du gelangst auf eine Wiese. (...) Überall blühen weiße, gelbe, rote und blaue Blumen. (...) Du ziehst deine Schuhe und Strümpfe aus und läufst barfuß über das Gras. (...) Du riechst den Duft der Blumen. (...) Herrlich! (...) Du atmest tief ein. (...) (Musik)

Schmetterlinge fliegen von Blume zu Blume. (...) Wunderschöne Schmetterlinge, die du noch nie gesehen hast. (...) Gelbe, blaue, lila, orangefarbene Schmetterlinge. (...) Du schaust dich staunend um und läufst weiter über die Wiese. (...) Du siehst schöne und unbekannte Blumen. (...) (Musik)

Aber nun musst du wieder zurück. Du nimmst deine Schuhe in die Hand und läufst zu dem kleinen Pfad. (...) Dort ziehst du sie wieder an und gehst durch den Wald. (...) Unterwegs lauschst du dem Gesang der Vögel. (...) Nach einiger Zeit gelangst du aus dem Wald heraus und stehst wieder vor der Schule. (...) Du gehst langsam hinein, setzt dich auf deinen Platz und öffnest wieder deine Augen. (...) (Musik langsam beenden)

77 Das Haus im Wald

Alter | ab 10 Jahre
Material | ruhige Musik, Metallophon
Dauer | 10–20 Minuten

Die Teilnehmer suchen sich eine entspannte Position im Sitzen oder Liegen und schließen die Augen. Ruhige Musik beginnt. Starten Sie mit der Fantasiereise:

Es ist Sommer. Stelle dir vor, du treibst auf dem Meer, irgendwo ganz weit weg. Das Meer ist ruhig. Über dir scheint die Sonne, du fühlst dich wohl und entspannt. Du lässt dich auf dem Rücken durch die Wellen tragen. (…) Nach einer Weile wirst du an Land gespült. Du steigst aus dem Wasser und legst dich in den warmen, weichen Sand. Du bist ganz allein. (…)
Dann schaust du dich um und siehst, dass hinter dem Strand der Wald beginnt. Nachdem du ganz getrocknet bist, läufst du langsam darauf zu. Du entdeckst einen schmalen Pfad, der in den Wald führt. Du folgst dem Pfad und gelangst in den Wald. Es ist ganz still, du hörst nur das Zwitschern einiger Vögel. (…)
Schließlich kommst du zu einem kleinen Bach, an dem sich der Weg teilt: Der eine Weg führt weiter am Bach entlang, der andere über eine hölzerne Brücke. Du entschließt dich, über die Brücke zu gehen. Du hörst deine Schritte auf dem Holz und das Rauschen des Wassers. (…)
Dann bleibst du plötzlich stehen: Auf einer Lichtung steht ein großes Haus. Es ist alt und verfallen. Du läufst darauf zu und überlegst, ob du hineingehen sollst. Es sieht etwas unheimlich aus. Du raffst all deinen Mut zusammen und versuchst, die Eingangstür zu öffnen. Doch sie ist verschlossen. Du läufst um das Haus herum und versuchst, die Tür auf der Rückseite zu öffnen. Diese Tür öffnet sich knarrend. Vorsichtig gehst du hinein und … (Spielen Sie nach einigen Sekunden eine kleine Melodie auf dem Metallophon.)
Merke dir nun gut, was du in dem Haus gesehen hast. Schließe die Tür wieder und gehe den Weg bis zum Anfang zurück. Spüre nun den Sitz oder den Boden unter dir, spüre deinen Rücken, deine Arme und Hände, räkle und strecke dich, gähne ganz laut und öffne dann langsam wieder deine Augen.

Musikalische Weltreise

Alter | ab 12 Jahre
Material | Papier und Stifte für alle Teilnehmer, vier Musikstücke
Dauer | 30–40 Minuten

Dieses Spiel wird am besten in einem großen Raum oder in einer Turnhalle gespielt. Es kann aber auch notfalls ein Klassenzimmer sein. Legen Sie sich vier verschiedene Musikstücke bereit, die sehr unterschiedlich sind und ungefähr jeweils zwei Minuten dauern, z. B.:

1. „Concerto d'Aranjuez" (zweiter Teil) von Yepes
2. „Der Schwan" aus dem „Karneval der Tiere" von Saint-Saëns
3. „Silk Road Suite" von Kitaro
4. „Der Winter" aus den „Vier Jahreszeiten" von Vivaldi oder „La Mer" von Debussy

Jedes Kind bekommt ein Blatt Papier und einen Stift. Die Gruppe macht nun gemeinsam eine Reise durch vier Länder. Sie steigt symbolisch in ein Flugzeug. Führen Sie die Kinder in die erste Ecke des Raumes. Erzählen Sie den Kindern unterwegs, dass sie in ein Land fliegen, in dem sie noch nie gewesen sind, und mithilfe der Musik erraten können, wo sie sich befinden. Es kann allerdings auch ein Fantasieland sein.
Die Gruppe setzt sich auf den Boden und jeder teilt sein Blatt in vier Teile. In jede Ecke wird eine Zahl von eins bis vier geschrieben. Erklären Sie nun, dass sie gleich ein Musikstück hören werden und sich dabei eine Landschaft vorstellen sollen. Ist es dort warm oder kalt? Gibt es Berge oder ist das Land flach? Ist dort das Meer oder ein Wald? Ist es Tag oder Nacht? Die Kinder schließen die Augen und lauschen der Musik. Wiederholen Sie die suggestiven Fragen noch einmal.
Die Kinder malen ihre Fantasielandschaft in das erste Feld. Sie haben dafür ca. drei Minuten Zeit.
Nun stehen alle wieder auf und reisen in die nächste Ecke zum nächsten Land. Dort hören sie wieder ein Musikstück, die suggestiven Fragen und sie malen ein Bild. Wenn sie in allen vier Ländern waren, werden die Zeichnungen verglichen und die Ideen dazu ausgetauscht.

79 Kopf sucht Bauch

Alter | ab 10 Jahre
Dauer | 10–15 Minuten

Alle Kinder legen sich mit dem Rücken auf den Boden. Dabei legt jeder seinen Kopf auf den Bauch eines anderen Kindes. Das ist ungewöhnlich und deshalb wird wahrscheinlich zunächst auch viel gelacht. Warten Sie ab, bis sich alle wieder beruhigt haben. Machen Sie die Kinder darauf aufmerksam, dass der Kopf durchgeschüttelt wird, wenn der Bauch lacht.
Dann dürfen die Kinder ganz achtsam die Atmung des Kindes spüren, auf dessen Bauch sie liegen. Der Kopf hebt und senkt sich beim Ein- und Ausatmen ebenfalls und sie versuchen nun, im gleichen Atemrhythmus zu atmen. Nach kurzer Zeit wird somit die gesamte Gruppe gleichzeitig ein- und ausatmen. Durch einen Klang oder einen Laut kann die Ausatmung hörbar gemacht werden.

Musik mit dem ganzen Körper

Alter | ab 12 Jahre
Material | ruhige Musik
Dauer | 5–10 Minuten

Die Teilnehmer nehmen eine entspannte Haltung auf dem Stuhl oder auf dem Boden ein. Machen Sie leise Musik an, z. B. „Oxygène" oder „Equinoxe" von J. M. Jarre oder „Silk Road Suite" von Kitaro, und erzählen Sie ruhig und langsam:

Wir können die Musik nicht nur mit unseren Ohren hören. Unser ganzer Körper spürt die Schwingungen der Musik. Wenn du dir dessen bewusst bist, fühlst du sie in deinem Körper. (...) (10 Sekunden Musik)

Setze oder lege dich so bequem wie möglich hin (...) Spüre die Stellen, an denen dein Körper mit dem Stuhl oder dem Boden in Kontakt ist ... Drehe deine Handinnenflächen nun nach oben. Sie sind Schalen, in die die Klänge der Musik eingeschenkt werden können. Wenn du nun auf die Musik achtest, versuche, sie in deinen Händen aufzufangen. (...) (30 Sekunden Musik)

Versuche nun, die Musik mit deinem Brustkorb und deiner Bauchhöhle aufzunehmen. (...) Spürst du sie nun in deinem ganzen Körper? Öffne deine Wahrnehmung für die Klänge. (...) Du spürst die Schwingungen nun in deinem ganzen Körper. (...) Die Musik strömt in dich hinein und auch wieder hinaus, durch dich hindurch. Sie strömt überall um dich herum. (...) (Musik langsam leiser werden lassen)

Lass die Musik noch etwas in dir nachklingen. (...) Dann bewegst du ganz langsam deine Finger. Strecke die Arme und dehne dich. Öffne langsam wieder deine Augen.

Interkulturelle Spiele

Im herkömmlichen Unterricht sind inter- und multikulturelle Aktivitäten noch recht selten. Meistens beschränken sie sich auf internationale Feste und Feiertage oder es gibt einmal im Jahr einen „multikulturellen Tag". Doch es gibt viele Möglichkeiten, diesen Aspekt in vielerlei Formen in den Unterricht mit einzubeziehen.
Die interkulturellen Spiele liefern dazu einige Anregungen. Eine einfache Methode ist, die Musik der Spiele den Nationalitäten der Teilnehmer anzupassen, z. B. türkische, arabische oder afrikanische Musik. Das Spiel kann dabei unverändert bleiben, denn Spiele sind universell.
Zu einigen bekannten internationalen Liedern wurde ein Spiel erfunden, da es einfacher ist, eine bekannte Melodie zu singen, als in einer kurzen Zeit ein Lied zu lernen und dann noch das Spiel hinzuzufügen. Die Gruppe kann sich auch gern ein Spiel zu einem bekannten Lied selbst ausdenken.
Des Weiteren sind drei Volksmärchen aus der Türkei, aus Marokko und Surinam so bearbeitet worden, dass dazu eine Klanggeschichte erzählt werden kann. Alle Geräusche in der Erzählung können von den Kindern mit der Stimme und Instrumenten gemacht werden, sodass ein Hörspiel entsteht. Überall, wo „(…)" steht, sollte eine kurze Pause gemacht werden, in der die Instrumente spielen können. Die Geschichte wird zweimal erzählt: Beim ersten Mal überlegen die Kinder während des Hörens, wie die Geräusche dargestellt werden können. Beim zweiten Mal wird das Stück als Gesamtes aufgeführt.

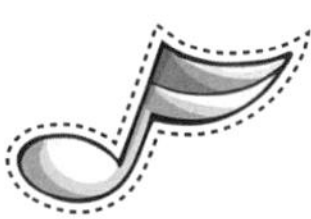

81 Multikultureller Kreistanz

Alter | 8–12 Jahre
Material | vier verschiedene Musikstücke aus unterschiedlichen Ländern
Dauer | 10–15 Minuten

Bereiten Sie Musikstücke aus den Ländern vor, aus denen die Kinder der Gruppe stammen, z. B.

a) einen amerikanischen Countrydance
b) einen spanischen Tanz
c) einen türkischen Bauchtanz
d) eine marokkanische Musik

Die Stücke sollten ca. zwei Minuten dauern. Spielen Sie sie direkt hintereinander ab. Die Kinder können auch eigene Ideen mit einbringen. Fragen Sie vor dem Tanz, ob es typische Tanzschritte zu den einzelnen Musikrichtungen gibt, die die Kinder vormachen möchten. Dann beginnt der Tanz, indem sich alle an den Händen fassen und zur Musik im Kreis laufen. Nach ca. einer Minute gibt der Spielleiter ein Zeichen. Alle bleiben stehen und lösen die Hände voneinander. Gehen Sie mit einer bestimmten Tanzbewegung in die Mitte. Alle Kinder machen diese Bewegungen nach. Dann gehen alle wieder rückwärts aus dem Kreis, fassen sich an den Händen und laufen im Kreis. Die Kinder tanzen auf diese Weise zu allen Musikstücken. Jedes Mal darf ein anderes Kind die Schritte in die Kreismitte anführen.

Mehrsprachiger Kanon

Alter | 8–12 Jahre
Dauer | 15–20 Minuten

Von dem französischen Lied „Le coq est mort" gibt es auch eine deutsche, eine englische und eine türkische Version. Es ist schön, wenn alle dieses Lied in den vier Sprachen singen können und es anschließend als mehrsprachiger Kanon erklingt.

Melodie und Text: traditionell

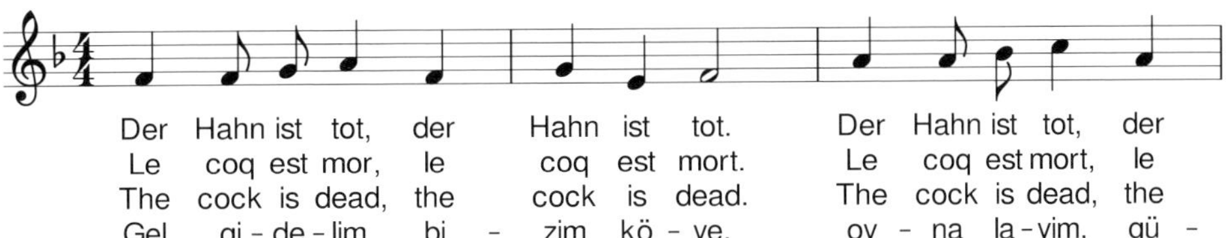

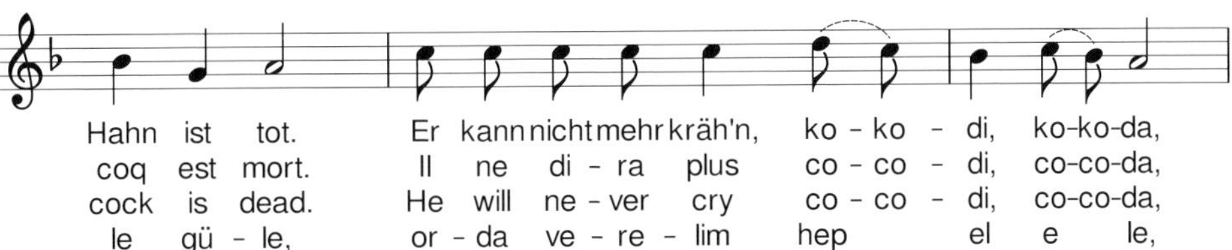

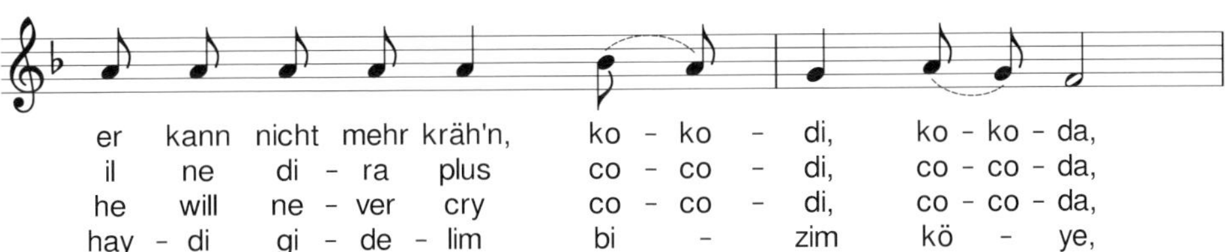

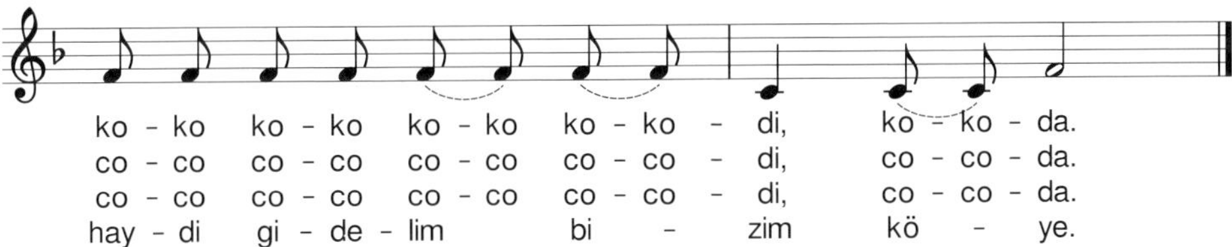

83 Interkulturelles Songfestival

Alter | 8–12 Jahre
Material | Rhythmusinstrumente
Dauer | 15–20 Minuten

Wenn einige Kinder aus anderen Ländern kommen, fragen Sie sie, ob sie ein Lied aus ihrer Heimat singen können. Sie dürfen auch zu zweit singen und werden von einer kleinen „Band" begleitet, die aus drei bis vier Kindern mit Rhythmusinstrumenten besteht. Zunächst üben alle Gruppen ihr Lied, dann präsentieren sie ihre Stücke der

Reihe nach den Zuhörern. Der Sänger stellt sein Lied zunächst kurz vor und erzählt etwas über den Inhalt. Wenn die Kinder möchten, können sie auch spielen, dass sie an einem Song-Contest teilnehmen, und die Zuschauer verteilen Punkte. Wichtig ist aber vor allen Dingen, dass alle Spaß haben.

Ein deutscher und ein türkischer Fuchs

Alter | 8–10 Jahre
Material | Tuch oder Hut
Dauer | 15–20 Minuten

Melodie: traditionell
Text: Ernst Anschütz (1780–1861)

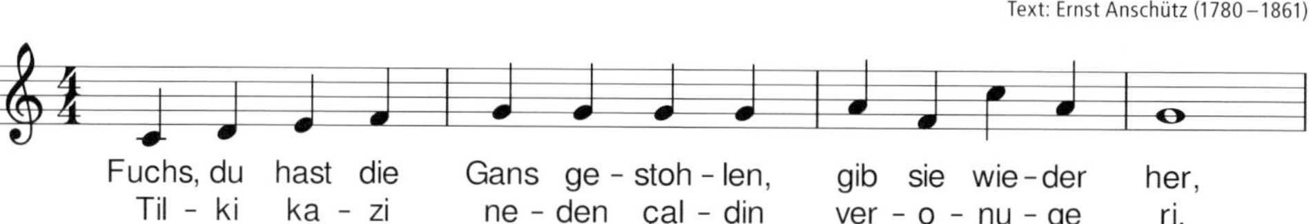

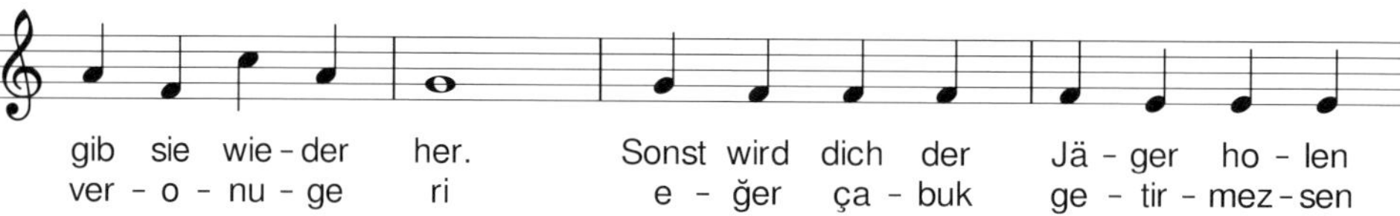

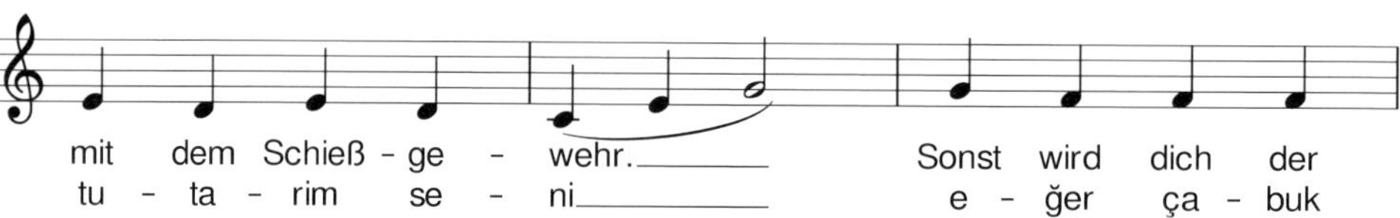

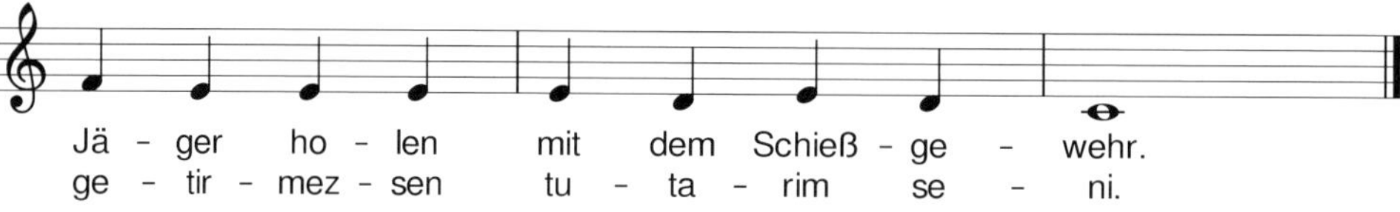

Die Gruppe lernt zunächst das Lied in beiden Sprachen. Dann werden die Kinder in zwei Gruppen verteilt, die eine Hälfte singt, die andere spielt. Ein Kind stellt den Fuchs dar und bekommt ein Tuch um den Hals oder einen Hut auf den Kopf. Die anderen Kinder werden jeweils zur Hälfte in Gänse und Jäger aufgeteilt. Die Gänse dürfen frei herumlaufen, die Jäger bilden einen Kreis, fassen sich an den Händen und lassen nicht mehr los.

Das Spiel beginnt mit der deutschen Version. Die Sänger beginnen mit dem Lied, die Gänse und die Jäger laufen im Takt dazu. Der Fuchs steht still. Wenn das Lied zu Ende ist, muss der Fuchs versuchen, eine Gans zu fangen. Die Jäger beschützen die Gänse jedoch und versuchen, den Fuchs in ihrem Kreis zu fangen. Ist eine Gans oder der Fuchs gefangen, ist das Spiel beendet.
Nun dürfen alle die Rollen wechseln und ein türkisches Kind spielt den Fuchs. Auch die Sänger dürfen zu Spielern werden und umgekehrt.

Orchester-Spiel

Alter | 6–9 Jahre
Material | Rhythmusinstrumente für alle Kinder, Musik
Dauer | 10–15 Minuten

Die Gruppe sitzt im Kreis, jedes Kind bekommt ein Instrument. Legen Sie ein Musikstück aus einem anderen Land auf und die Kinder spielen nacheinander den Rhythmus mit – nur leise, damit die Musik noch zu hören ist.
Dann spielen alle gemeinsam mit. Lassen Sie mit einem Zeichen ein Kind nach dem anderen aufhören, bis am Ende nur noch ein Kind übrig ist. Dann kann ein neues Stück gewählt werden und das Spiel beginnt von vorn.

86 Kululi Janaas

Alter | 6–9 Jahre
Dauer | 15–20 Minuten

Melodie und Text: traditionell

1. Ku - lu - li ja - naas ma - da tar - ri fu - na,
2. Ku - lu - li ja - naas ma - da tar - ri fu - na,
3. Ku - lu - li ja - naas ma - da tar - ri fu - na,
4. Ku - lu - li ja - naas ma - da tar - ri fu - na,
5. Ku - lu - li ja - naas ma - da tar - ri fu - na,

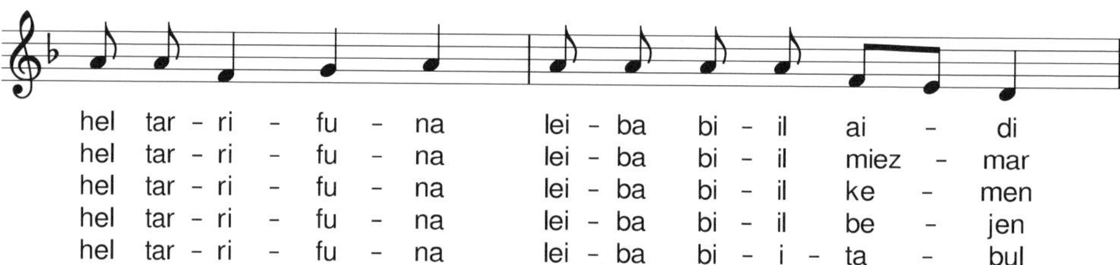

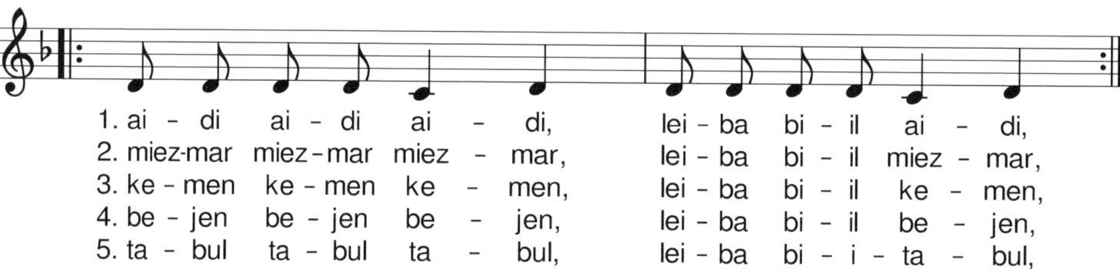

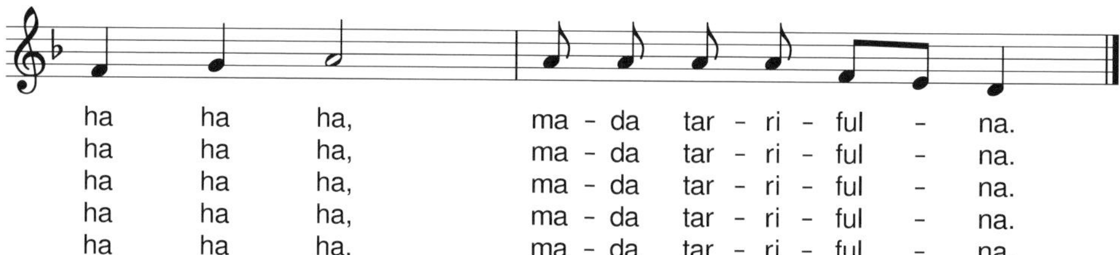

Bei diesem Spiel handelt es sich um ein marokkanisches Lied und Tanzspiel.

Die Kinder sprechen zunächst den Text im Rhythmus. Dann wird die einfache Melodie dazu geübt. Singen Sie das Lied nicht zu langsam.
Zum Lied können Sie einen Kreistanz einstudieren, bei dem der Text mit Gesten dargestellt wird. In dem Lied geht es nämlich um das Musizieren: „aidi" bedeutet „Hände", „miezmar" bedeutet „Flöte", „kemen" bedeutet „Geige", „bejen" bedeutet „Klavier" und „tabul" bedeutet „Trommel".

Nun kann die eine Hälfte der Gruppe das Lied singen, die andere tanzt dazu. Die Tänzer bilden einen Kreis und laufen Hand in Hand im Takt der ersten Strophe. Bei „aidi aidi aidi" klatschen sie den Rhythmus mit. Bei „ha, ha, ha" drehen sie sich einmal um, fassen sich wieder an den Händen und laufen im Kreis. Bei „miezmar" imitieren sie das Spielen einer Flöte, bei „kemen" das einer Geige, bei „bejen" das eines Klaviers und bei „tabul" das Spielen einer Trommel.

(aus: „Ieder zingt zijn eigen lied",
zusammengestellt durch die Musikschule Nijmegen)

Kreisspiel aus Curaçao

Alter | 6–8 Jahre
Dauer | 10–15 Minuten

Melodie und Text: traditionell

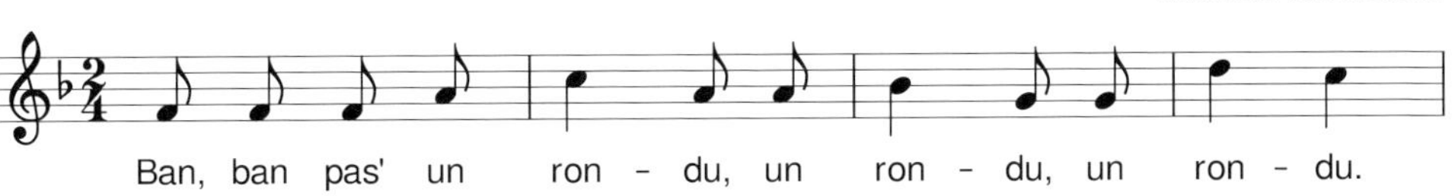

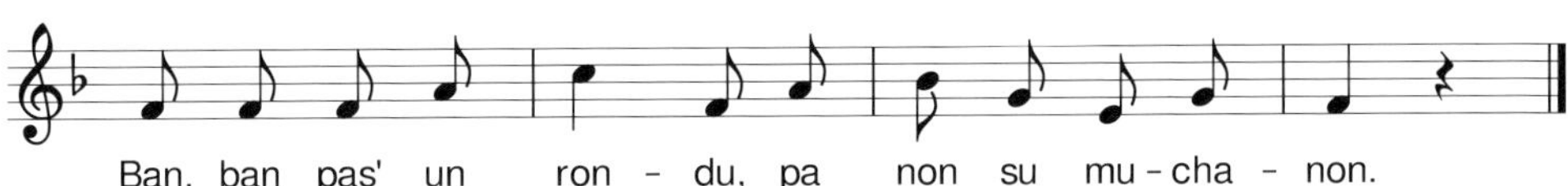

Die Kinder bilden einen Kreis und fassen sich an den Händen. Ein Kind stellt sich in die Mitte. Die Kinder gehen im Takt des Liedes im Kreis. Ist das Lied zu Ende, wählt sich das Kind im Kreis ein anderes Kind. Beide fassen sich an den Händen und gehen entgegen der Drehrichtung des äußeren Kreises. Am Schluss wählt das zuletzt gewählte Kind einen neuen Partner usw. So wird bei jeder Wiederholung der Innenkreis immer größer, der Außenkreis immer kleiner. Das Spiel endet, wenn kein Kind mehr im äußeren Kreis übrig ist.

Der laute Knall

Alter | ab 8 Jahre
Material | verschiedene Instrumente
Dauer | 20–30 Minuten

Einige Kinder bekommen Instrumente, mit denen sie die Geräusche, die in dieser Klanggeschichte aus Surinam vorkommen, darstellen können. Besprechen Sie zunächst mit allen, welche Klänge und Töne in der Erzählung vorkommen: Schritte, Gewitter, Blitz und Donner, Regen, Klopfen an die Tür, ein lauter Knall. Die Kinder können zunächst auf den Instrumenten kurz üben, dann beginnt die Geschichte. An den Pausen-Zeichen „(...)" soll das passende Geräusch gemacht werden.

Eines Morgens wurde die Spinne Anansi wach, krabbelte fröhlich aus ihrem Haus im Baum und machte sich auf die Suche nach etwas Essbarem. (...)
Kurz darauf zogen dunkle Wolken auf und ein Unwetter brach herein. (...) Herr Donner, der immer so viel Lärm machte und es stark regnen lassen konnte, zeigte sich. (...)
„Warum macht er das?", fragte sich Anansi. „Er weiß sicher nicht, dass ich hier laufe." Darum rief sie ganz laut: „Hallo, Donner, mach nicht so viel Lärm! Hast du keinen Respekt vor mir?"
Herr Donner war sehr beleidigt. Erstens gehörte es sich, ihn immer mit „Herr Donner" anzusprechen, und zweitens kümmerte es ihn kein bisschen, was die dumme Spinne sagte. Er ließ es noch einmal extra laut donnern. (...) Die Erde bebte, die Bäume schwankten wild hin und her und knarrten. (...) Aber Anansi tat so, als ob sie keine Angst hatte. Sie selbst fand, dass sie die tapferste Spinne auf der ganzen Welt war.
„Anansi", rief Herr Donner, „wer bist du, dass du es wagst, dich mir zu widersetzen? Warum sollte ich vor dir Respekt haben?"

Nun wurde Anansi wütend. Sie würde es dem Donner jetzt mal richtig zeigen. Dieser Angeber! „Du bist nur ein Windbeutel, du kannst mir keine Angst machen!", rief Anansi und stampfte mit all ihren acht Füßen auf den Boden. (…)

„Oh ja?", rief Herr Donner, „hast du den Verstand verloren, Anansi? Wenn ich dir einen Schlag versetze, fliegt dein Kopf kilometerweit durch die Luft. Ha!" „Das werden wir ja sehen!", rief Anansi erzürnt. „Ein Schlag von dir tut mir gar nichts! Weißt du was? Komm morgen früh um vier Uhr zu mir nach Hause, dann darfst du mich schlagen. Traust du dich?"

„Zu dir nach Hause?", donnerte Herr Donner, „natürlich traue ich mich, morgen früh bin ich da!" Und mit viel Donner und Krawall zog sich Herr Donner in seine Wolken zurück.

Anansi war vom Regen klatschnass geworden und rannte so schnell wie möglich nach Hause, um sich zu trocknen. (…) Als sie schließlich realisierte, was sie sich damit eingebrockt hatte, Herrn Donner so herauszufordern, bekam sie doch ein wenig Angst. Einen Schlag von Herrn Donner würde sie niemals überleben. Es würde ihr Tod sein.

Aber Anansi war eine kluge Spinne und dachte sich eine List aus. Sie lief zum Haus von Bruder Hahn und klopfte an. (…)

„Bruder Hahn, mein bester Freund, darf ich dich heute Abend zum Essen einladen? Ich habe auch ganz viel Rum!"

Bruder Hahn liebte Rum, darum nahm er die Einladung gern an. Anansi hatte an diesem Abend sehr lecker gekocht und dank dem Rum hatten sie sehr viel Spaß. (…) Als Bruder Hahn nach Hause gehen wollte, hielt Anansi ihn zurück: „Bleib doch noch! Wir haben uns noch so viel zu erzählen und Rum ist auch noch da. Außerdem kannst du gern hier schlafen." Bruder Hahn ließ sich überreden. Anansi hatte nur eine Bitte: „Ich kann nicht so früh aufstehen und um vier Uhr kommt der Milchmann. Könntest du ihm die Tür aufmachen, wenn er anklopft?"

„Ja, das kann ich machen", sagte Bruder Hahn, „ich stehe sowieso immer früh auf, noch bevor die Sonne aufgeht." Und dann gingen sie schlafen. (…) Aber Anansi blieb heimlich wach, um zu schauen, was passieren würde. Um vier Uhr wurde laut an die Tür geklopft. Das Haus erbebte. (…) Es war draußen noch ganz dunkel. Bruder Hahn wurde wach und machte die Tür auf. (…) Ein lauter Knall ertönte und Bruder Hahn lag tot auf dem Boden. (…) „Das soll dir eine Lehre sein," brummte Herr Donner und ging mit schweren Schritten zurück in die Wolken. (…) Doch da es so dunkel war, hatte er nicht gesehen, dass er dem Falschen einen Schlag versetzt hatte.

Kurz darauf hatte Anansi den Hahn gerupft und als Braten fertiggemacht. Dann lief sie hinaus und rief Herrn Donner. Dieser war sprachlos. „Lebst du noch? Dann habe ich nicht fest genug geschlagen.

Was hältst du von einem Schlag nochmal morgen früh?"
Anansi fühlte sich wieder wie die tapferste Spinne auf der ganzen Welt und nahm die Herausforderung an. Sie konnte die gleiche List noch einmal anwenden.

Dieses Mal lud sie Bruder Tiger ein. Bruder Tiger war ganz versessen auf gebratenen Hahn, darum nahm er die Einladung gern an. Auch Bruder Tiger ließ sich überreden, bei Anansi zu schlafen und morgens die Tür für den Milchmann aufzumachen. (…)
Um vier Uhr wurde wieder an die Tür geklopft. (…) Bruder Tiger machte auf und wieder ertönte ein lauter Knall. (…) Bruder Tiger war sofort tot. Anansi begrub den Tiger in seinem Garten und ging kurz darauf wieder hinaus, um Herrn Donner zu rufen. Dieser war außer sich vor Wut, donnerte und raste. (…) Wieder verabredete er mit Anansi, ihr am nächsten Morgen zum dritten und letzten Mal eine kräftige Ohrfeige zu geben. Anansi machte sich auf die Suche nach einem dritten Gast. Dieses Mal war es Bruder Leopard. Nach dem Abendessen wurde auch er gefragt, ob er zum Schlafen dableiben und dem Milchmann aufmachen wollte. Aber Bruder Leopard wusste, dass Anansi keine Milch trinkt und vertraute ihr deshalb nicht. Er tat so, als ob er schliefe, und schnarchte laut. (…) Anansi war davon überzeugt, dass alles wie zuvor gehen würde, und schlief ein. (…) Da kroch Bruder Leopard leise hinaus und versteckte sich hinter einem Busch. Um vier Uhr kam Herr Donner wieder und klopfte an die Tür. (…) Aber niemand machte auf. Er klopfte wieder und wieder und Anansi wurde wach. (…) Sie durchsuchte das ganze Haus, konnte Bruder Leopard aber nirgendwo finden. „Mach auf, Anansi, sonst trete ich die Tür ein!", brüllte Herr Donner mit viel Krach.
Aber Anansi schlich sich leise durch die Hintertür hinaus und ließ sich vorläufig nicht mehr sehen. Sie hatte nun begriffen, dass man den gleichen Trick nicht dreimal hintereinander anwenden konnte.

89 Der Prophet

Alter | ab 10 Jahre
Dauer | 15–20 Minuten

Diese Geschichte handelt von dem türkischen Nationalheld Nasreddin. Notieren Sie zunächst alle Geräusche, die darin vorkommen, an der Tafel: Fußstapfen des Esels, Holzhacken, Knarren von Ästen, Schritte von Menschen, der Schrei eines Esels, das Quietschen eines Kistendeckels. Dann werden die Instrumente an die Kinder verteilt und kurz ausprobiert.

Hodscha Nasreddin brauchte Brennholz. Darum ritt er mit seinem Esel in den Wald. (...) Er kletterte auf einen Baum und begann, mit seinem Beil einen großen Ast abzuhacken. (...) Ein Fremder kam vorbei, hörte das Geräusch, schaute hinauf und sah zu seiner Überraschung, dass Nasreddin selbst auf dem Ast saß, den er abhacken wollte. (...)
„Freund", rief er, „wenn du so weitermachst, wirst du hinunterfallen!" Nasreddin achtete nicht auf seine Warnung und hackte stur weiter (...), bis der Ast krachend abbrach und er zusammen mit dem Ast auf den Boden fiel. (...) Benommen stand er auf und rannte hinter dem Fremden her, der weitergelaufen war. (...) „Mein Herr", rief er, „ich nehme an, dass Sie ein Prophet sind, da sie voraussehen konnten, dass ich von dem Baum fallen würde. Dann können Sie sicher auch vorhersagen, wann ich sterben werde ..."
Der Fremde hatte keine Lust, seine Zeit mit einem solch dummen Mann zu vergeuden. Darum sagte er, um ihn loszuwerden: „Wenn dein Esel zweimal ‚I-A' schreit, wirst du sterben."
Nasreddin begann, sich darüber ernste Sorgen zu machen, und lief trübselig zurück zu dem Baum. (...) Er lud das Holz auf seinen Esel und machte sich auf den Weg zurück ins Dorf. (...)
Nach einer Weile schrie der Esel zweimal hintereinander. (...) Nasreddin wurde sofort kreidebleich und es schwindelte ihn. Dann fiel er in Ohnmacht. (...) Kurze Zeit später wurde er von einigen Dorfbewohnern gefunden. Da er so weiß im Gesicht war, dachten sie, er wäre tot.
Sie holten eine Holzkiste, legten ihn hinein und schlossen den Deckel. (...) Dann trugen sie ihn vorsichtig ins Dorf. (...) Aber bei einer Weggabelung bekamen sie Streit darüber, welcher der kürzeste Weg nach Hause war. Nasreddin war durch das Geruckel der Kiste wieder aufgewacht und hörte ihr Gezänk. Der Deckel der Kiste quietschte, als er sie öffnete. (...)
„Der kürzeste Weg ist der linke. Und beeilt euch ein bisschen, sonst komme ich zu spät zum Abendessen!" Die Dorfbewohner schrien auf und rannten so schnell fort, wie sie nur konnten. (...)

90 Die unmögliche Aufgabe

Alter | 8–12 Jahre
Material | Instrumente
Dauer | 10–15 Minuten

Bei dieser Geschichte handelt es sich um eine alte arabische Erzählung, die auch in Marokko bekannt ist und eine Moral enthält. Besprechen Sie zunächst die unterschiedlichen Geräusche. Die Kinder probieren sie mit den Instrumenten aus: Schritte eines Mannes, Fußstampfen eines Esels, das Klirren von Scherben, die Geräusche von Knallfröschen, Trommeln und Wasser.

Erzählen Sie anschließend die Geschichte:

Ein Mann hatte durch ein Unglück all sein Geld verloren und lebte in großer Armut. Niedergeschlagen ging er zu einem berühmten Zauberer, der in einer nahegelegenen Stadt wohnte, und klopfte an. (...) Der Zauberer fragte ihn, was er wolle. Der Mann bat ihn, ihm so schnell wie möglich viele Goldstücke zu besorgen. Der Zauberer dachte gründlich nach und gab ihm den folgenden Rat:
„Sammle so viele Tonscherben, wie du nur finden kannst. Warte bis zum Tag des Aschura-Festes, denn nur dann wirkt dieser Zauber. Wirf die Scherben in den Brunnen vor dem Dorf. Sie werden sich in Goldstücke verwandeln. Aber pass auf! Du darfst nicht an einen Hasen denken, denn sonst gelingt es nicht und du musst es im nächsten Jahr wieder versuchen."
Der Mann bedankte sich bei dem Zauberer und ging nach Hause. (...) Dort begann er, so viele Töpfe und Krüge, wie er nur finden konnte, kaputt zu schlagen. (...) Er legte die Scherben in Körbe. (...) Dann wartete er geduldig auf das Aschura-Fest.
Endlich war es soweit. Er lud alle seine Körbe mit den Scherben auf Esel. (...) Mit seiner Karawane von zehn Eseln machte er sich auf den Weg zum Brunnen. (...) Unterwegs begegnete er überall Kindern, die das Aschura-Fest feierten. Einige Jungen warfen mit Knallfröschen. (...) Mädchen liefen mit ihren Puppen, die als Braut und als Bräutigam verkleidet waren, herum. Wieder andere Kinder spielten auf verschiedenen Trommeln. (...)
Aber der Mann achtete nicht darauf, sondern lief mit seinen Eseln aus dem Dorf. (...) Er dachte nur an das Gold.
Endlich gelangte er zu dem Brunnen, hob die Körbe von den Eseln und warf alle Scherben in den Brunnen. (...) Er tat es genau so, wie der Zauberer es ihm gesagt hatte. In diesem Moment erinnerte

er sich plötzlich daran, dass der Zauberer auch gesagt hatte, dass er nicht an einen Hasen denken durfte.
Zu spät! Er hatte nun bereits daran gedacht. Wütend rannte er zu dem Haus des Zauberers. (...) Er klopfte an. (...)
„Deinen Rat kann man unmöglich ausführen!", rief er. „Wenn ich daran denke, dass ich nicht an einen Hasen denken darf, habe ich bereits daran gedacht und alles ist misslungen!"
Der Zauberer lächelte und sagte: „Du hast etwas Unmögliches von mir verlangt. Dann kann ich dir nur eine unmögliche Antwort darauf geben."
Verärgert lief der Mann nach Hause. (...) Währenddessen feierten die Kinder des Dorfes noch immer das Aschura-Fest. (...)

Spielprojekte

Diese Spielprojekte sind ausführlichere Ausdrucksspiele bzw. eine Sammlung von Ausdrucksspielen rund um ein Thema: Zirkus, Jahrmarkt, vier Jahreszeiten etc. Solche Projektspiele können Sie wählen, wenn über einen längeren Zeitraum oder mehrere Unterrichtseinheiten hindurch an einem bestimmten Thema gearbeitet werden soll. Das können Projektwochen, kreative Wochen oder Klassenfahrten etc. sein.
Als Material sollte in jedem Fall eine Vielzahl von Instrumenten zur Verfügung stehen. Idealerweise haben die Kinder schon etwas Erfahrung mit musikalischen Ausdrucksspielen.

Hinweise

- Spielprojekte entfalten die musikalische Kreativität der Kinder.
- Sie bieten die Möglichkeit, sich mit einem Thema länger zu beschäftigen, sodass diverse Aspekte des Projektes tiefer und gründlicher ausgearbeitet werden können.
- Zusätzlich zum musikalischen Lernen werden auch soziale Kompetenzen gefördert, da höhere Anforderungen an die Zusammenarbeit der Kinder und die Umsetzung gestellt werden.

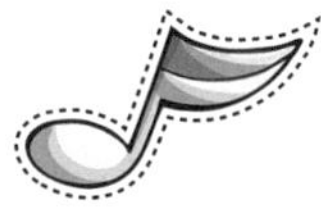

91 Zirkusprojekt

Alter | 8–12 Jahre
Material | Instrumente für alle Teilnehmer, Seile, Klebeband, Zettel, Reifen, Regenschirme, Matte, Zirkusmusik (z. B. die Ouvertüre von „Carmen")
Dauer | eine Stunde oder zwei Einheiten von je 30 Minuten

Markieren Sie mit Seilen oder Klebeband auf dem Boden einen großen Kreis. Die Kinder setzen sich in diesen Kreis, der die Manege darstellt. Fragen Sie, welche Tiere es in einem Zirkus gibt. Dazu kann die Gruppe ein Rätselspiel machen: „Wer kann ein Tiergeräusch nachmachen?" Der Rest darf raten. Dann schlüpfen einige Kinder in Rollen dieser Tiere.
Auf vier Zetteln stehen die Namen von Zirkustieren: Elefanten, Löwen, Pferde und Affen. Für jeden Teilnehmer der Gruppe gibt es einen Zettel. Jedes Tier sollte in etwa gleich oft vorhanden sein. Jedes Kind darf nun einen zusammengefalteten Zettel aus einem Hut ziehen und schauen, ohne dass die anderen es sehen, welches Tier es ist. Dann beginnt die Zirkusmusik und die Kinder bewegen sich dazu, indem sie ihr Tier imitieren. Wenn also z. B. „Elefant" auf dem Zettel steht, müssen die schweren Schritte eines Elefanten imitiert werden; Pferde galoppieren, Löwen schleichen und Affen springen. Wenn die Kinder dann ein gleiches Tier entdecken, formen sie eine Gruppe. Sind alle vier Gruppen vollständig, wird die Musik beendet.

Die Parade

Jeder Zirkus beginnt mit einer Parade aller Tiere. Teilen Sie die Elefanten in zwei Gruppen (z. B. durch Abzählen: 1 – 2 – 1 – 2 usw.). Alle Elefanten mit der Nummer 1 setzen sich in die Mitte des Kreises und bilden das Elefantenorchester. Alle Elefanten mit der Nummer 2 stellen sich in einer Reihe auf und laufen als Elefanten zur Musik um den Kreis herum. Wie klingt Elefantenmusik? Natürlich schwer und träge. Die Musiker bekommen dazu Trommeln und andere schwer klingende Instrumente. Als Beispiel kann der Marsch der Elefanten aus dem „Dschungelbuch" benutzt werden. Spielen Sie selbst auch mit und zeigen Sie an, wann begonnen und geendet wird. Wenn die Parade einmal im Kreis gelaufen ist, endet sie.
Die Elefanten setzen sich wieder in den Kreis. Jetzt sind die Pferde an der Reihe. Die Hälfte der Kinder setzt sich in die Mitte und spielt Pferdemusik, die andere Hälfte läuft als Herde um den Kreis herum. Wie klingt Pferdemusik? Holzinstrumente und Glöckchen eignen sich

gut zur Imitation von galoppierenden Pferden. Wie laufen Pferde? Nach einer Runde Pferdetanz kommen die Löwen an die Reihe. Wie klingt Löwenmusik? Ein bisschen wie Urwald. Mit Trommeln kann sehr gut eine rhythmische Urwaldmusik gespielt werden. Die Löwengruppe schleicht währenddessen gefährlich brüllend um den Kreis. Zum Schluss kommen die Affen. Die Kinder bekommen Sambarasseln und andere Schüttelinstrumente zum Musizieren, die Affen-Tanzgruppe springt dazu fröhlich im Kreis herum.
Nach jeder Runde bekommen die Tiere natürlich kräftigen Applaus von den Anderen.

Die Zirkusnummern

Nun sind die Zirkusnummern an der Reihe. Die Kinder werden in zwei Gruppen eingeteilt: Die Löwen und die Affen sind zusammen Gruppe 1 und bilden das große Zirkusorchester. Die Elefanten und die Pferde werden Gruppe 2 und beginnen mit den Kunststücken. Das Orchester übt zunächst mit den verfügbaren Instrumenten ein Crescendo. Auf Ihr Zeichen hin beginnen sie, zunächst ganz leise zu spielen, dann immer lauter, bis ein Beckenschlag erklingt und sie abrupt enden. Wenn diese Sequenz gut gelingt, können sie die andere Gruppe gut begleiten.
Gruppe 2 stellt nun die Elefanten dar. Jedes Kind stellt sich einen Stuhl in den Kreis und platziert sich im Vierfüßlerstand daneben. Während die Musik leise anfängt, klettern die Elefanten langsam auf ihren Stuhl, bis sie schließlich auf einem Bein stehen und den Rüssel hoch in die Luft halten. Sie bleiben kurz so stehen und springen dann alle gleichzeitig bei dem Beckenschlag auf den Boden.
Als Nächstes folgt die Pferdenummer. Dazu werden die Gruppen wieder gewechselt. Das Orchester verändert sich in Pferde und die Elefanten werden zum Orchester. Die Musiker spielen einen fröhlichen, regelmäßigen Rhythmus (z. B. den Anfang von „Jingle Bells"). Die andere Gruppe bildet Paare: Das jeweils größere oder stärkere Kind ist das Pferd, das andere der Reiter, der auf den Rücken des Pferdes springt, das ihn dann an den Beinen festhält. Zur Musik galoppieren die beiden nun im Kreis herum und machen ab und zu eine kleine Drehung. Nach einigen Runden erklingt der Beckenschlag und die Reiter springen von ihren Pferden. Dann wechseln die beiden Gruppen.
Anschließend beginnt die Nummer der Löwen. Die Gruppen wechseln wieder die Plätze: Das Orchester wird zu Löwen, die durch einen Reifen springen, und die Pferde bilden das Orchester. Zwei Kinder halten nun einen Reifen oder einen Fahrradschlauch ungefähr

50 cm über dem Boden über einer Matte fest. Die Löwen stellen sich einige Meter vor dem Reifen in einer Reihe auf. Die Musik spielt ein kurzes Crescendo, dann springen die Löwen abwechselnd mit einem kurzen Anlauf durch den Reifen. Der Spielleiter schlägt in dem Moment auf das Becken. Das Timing muss evtl. ein paar Mal geübt werden, damit der Anlauf und der Sprung mit der Musik und dem Beckenschlag übereinstimmen. Danach wechseln die Gruppen ihre Rollen.

Zum Schluss folgt der Seiltanz der Affen. Die Löwen sind nun das Orchester und das Orchester wird zu Affen. Die Musiker bekommen Stabinstrumente (pentatonisch gestimmte Glockenspiele und Metallophone) und Rasselinstrumente zum Improvisieren. Kleben Sie ein Seil der Länge nach auf dem Boden auf. Die Affen balancieren der Reihe nach auf Zehenspitzen mit einem Regenschirm in der Hand vorsichtig darüber. Wenn sie am Ende des Seiles angekommen sind, erklingt ein Beckenschlag und sie springen hinunter.

Das Projekt kann beendet werden, indem die Eingangsmusik wieder gespielt wird und alle Kinder noch einmal als Tiere zusammen tanzen.

92 Jahrmarktprojekt

Alter | 8–12 Jahre
Material | Instrumente für alle Teilnehmer, Drehorgelmusik, einige Kissen, leere Dosen, Seil/Kreide/Klebeband
Dauer | 1 Stunde oder zweimal 30 Minuten

Bei diesem Projekt werden vier Jahrmarktattraktionen dargestellt:

- Autoscooter
- Karussell
- Schießstand
- Geisterbahn

Autoscooter

Markieren Sie einen großen Kreis aus Seil, Kreide oder Klebeband auf dem Boden. Vier Kinder sind die Autos und stellen sich im Kreis auf. Die anderen Kinder stellen sich außen um den Kreis herum.
Die Autos starten zu zweit nebeneinander an der jeweils gegenüberliegenden Seite des Kreises. Das eine Paar läuft im Uhrzeigersinn im Kreis herum, das andere Paar entgegengesetzt. Sie können also aufeinanderprallen, versuchen aber, es zu vermeiden. In der Mitte

stehen zwei Kinder mit Instrumenten, die die Autos steuern. Das eine Kind hat z. B. eine Trommel, das andere eine Triangel, und solange die Musik erklingt, laufen die Autos im Kreis herum. Wenn die Musik stoppt, bleiben die Autos stehen. Alle Autos halten vor ihrem Bauch ein großes Kissen fest. Nach einigen Runden können die Spieler die Positionen wechseln. Eventuell kann auch jedes Auto seinen eigenen „Lenker“ bekommen: Dann stellen sich vier Kinder mit vier verschiedenen Instrumenten in die Mitte.

Karussell

Unser Karussell in diesem Spiel besitzt einige Pferde, die sich auf und ab bewegen, und einige Wagen, die sich drehen.
Zwei oder drei Kinder spielen die Pferde und zwei oder drei andere die Wagen. Diese Kinder stellen sich im gleichen Abstand wie in einem Karussell in dem Kreis auf. Die Pferde und Wagen werden von zwei Kindern, die in der Mitte stehen, mit Instrumenten gesteuert. Die Pferde, die die ganze Zeit auf Händen und Füßen herumlaufen, richten sich z. B. beim Klang eines Glockenspiels ein paar Mal auf und laufen dann wieder weiter. Die Wagen laufen ebenfalls im Kreis, und wenn z. B. das Tamburin ertönt, drehen sie sich einmal um und laufen dann wieder weiter.
Die Drehorgel wird durch die restlichen Kinder dargestellt, die zur Leierkastenmusik langsam im Kreis gehen. Pferde und Wagen werden im Wechsel (Pferd – Wagen – Pferd – Wagen usw.) im Kreis aufgestellt und behalten diese Position auch während des gesamten Spieles bei. Nach einigen Minuten dürfen die Rollen getauscht werden. Auch hier gilt, dass jedes Fahrzeug ebenfalls durch einen eigenen Lenker gesteuert werden kann.

Schießstand

Zur Darstellung des musikalischen Schießstandes werden fünf leere Dosen oder kleine Kartons nebeneinander auf einen Tisch gestellt und die Noten „C“, „D“, „E“, „F“, „G“ in großen Buchstaben mit Filzstift daraufgeschrieben.
Auf einem anderen Tisch steht ein Metallophon mit Schlägel. Dieses Spiel kann nur von einem Kind gleichzeitig gespielt werden. Das Kind, das „schießen“ darf, spielt mit geschlossenen Augen einen Ton auf dem Instrument. Schauen Sie, welcher Ton das ist, und entfernen Sie die entsprechende Dose. Wenn man daneben schlägt oder den falschen Ton trifft, ist es ein Fehlschuss. Es darf pro Runde fünfmal geschossen werden. Wie oft wurde getroffen? Danach ist das nächste Kind an der Reihe. Wer hat die höchste Trefferquote?

Geisterbahn

Die Gruppe notiert zunächst fünf gruselige Geräusche an der Tafel, die in einer Geisterbahn vorkommen können, z. B.:

- klackernde Skelette
- Gespenstergeräusche
- Monstergeräusche
- Hexenschreie
- ekelige Tiergeräusche (z. B. Schlangen)

Die Kinder bilden fünf Gruppen mit jeweils drei bis vier Spielern. Jede Gruppe übt ein bestimmtes Geräusch mit ihren Stimmen oder Instrumenten, die durchaus auch in einer unkonventionellen Art und Weise bespielt werden dürfen. Die Geräusche sollten so gruselig wie möglich klingen.
Dann stellt sich jede Gruppe an einen Platz im Raum und muss nun ganz still sein. Sie dürfen die Geräusche nur machen, wenn ein Besucher ganz nah an ihnen vorbeikommt.
Wer möchte nun die Geisterbahn betreten? Wer traut sich? Einige Freiwillige bekommen Eintrittskarten und die Augen verbunden. Dann werden sie einer nach dem anderen von einem Führer (eines der anderen Kinder) langsam durch die Geisterbahn geleitet.
Es beginnt mit Totenstille, aber sobald ein Besucher nahe an einer Gruppe vorbeikommt, machen deren Mitglieder ihre Geräusche und enden wieder damit, wenn der Besucher weitergelaufen ist.
Die nächste Gruppe beginnt ebenfalls, wenn ein Gast vorbeiläuft, und stoppt dann wieder. Zwischen zwei Gruppen sollte es kurz ganz still sein, um die Spannung aufzubauen.

93 Weltmusikfestival

Alter | ab 12 Jahre
Material | Instrumente für alle Teilnehmer
Dauer | 1,5–2 Stunden

Dieses Spiel eignet sich besonders für einen kreativen Nachmittag, als Teil einer Klassenfahrt oder einer Projektwoche, in der das Kennenlernen von anderen Kulturen im Mittelpunkt steht. Dazu werden viele verschiedene Instrumente benötigt.
Ein Teil der Kinder wird in vier gleich große Gruppen mit je vier bis fünf Spielern eingeteilt. Es müssen dann mindestens vier Spieler oder mehr übrigbleiben, die im Verlauf des Spieles eine andere Aufgabe bekommen.

Jede Gruppe bekommt nun einen der vier Kontinente zugewiesen:
a) Afrika
b) Asien
c) Südamerika
d) Europa

Die Afrika-Gruppe bekommt große Trommeln (Pauke, Konga, Trommel etc.) und spielt damit typisch afrikanische Musik mit konstantem Rhythmus.
Die Asien-Gruppe erhält Stabinstrumente (Glockenspiel, Metallophon und Xylophon) und macht damit „östliche" Musik, in dem sie pentatonisch improvisiert.
Die Südamerika-Gruppe hat diverse kleine Rhythmusinstrumente (Sambarassel, Bongos, Holzblock, Guiro, Tamburin, Rohrtrommel etc.), mit denen sie lateinamerikanische Musik macht, die einen leicht swingenden Tanzcharakter hat (Tango, Rumba, Calypso o. Ä.).
Die Europa-Gruppe bekommt, wenn möglich, Melodie-Instrumente (Keyboard, Blockflöte, Akkordeon, Gitarre, Klavier) oder die gesamte Gruppe singt bekannte westliche Lieder und Kanons.
Die Gruppen haben 15 Minuten Zeit, ein Stück zu erarbeiten, das nur ca. 1–2 Minuten dauern muss.
Die Afrika-Gruppe spielt nun z. B. auf zwei großen Trommeln einen durchgängigen Basisrhythmus, während auf kleineren Trommeln Variationen und Gegenrhythmen gespielt werden.
Die Asien-Gruppe nimmt alle Fs und Hs aus dem Klangspiel, sodass nur die pentatonische Tonleiter übrigbleibt. Wenn darauf nun improvisiert wird, klingt es immer chinesisch.

Die Südamerika-Gruppe sollte vor allem leicht und swingend klingen, mit Gegenrhythmen und Synkopen auf hölzernen oder metallenen Rhythmusinstrumenten.
Die Europa-Gruppe kann ein bekanntes europäisches Lied auf den Instrumenten spielen oder einen ein- oder zweistimmigen Kanon singen (z. B. „Bruder Jakob" oder „Shalom").

Die vier Gruppen beginnen nun einen Wettstreit. Ziel ist es, die eigene Gruppe zu vergrößern, indem man Teilnehmer überzeugt, in diese Gruppe zu kommen.
Und das geht so: Die vier Gruppen verteilen sich in je eine Ecke des Raumes. Ein Freiwilliger aus der Restgruppe setzt sich mit geschlossenen Augen in die Mitte. Fordern Sie die Gruppen der Reihe nach auf, ihr vorbereitetes Stück zu spielen. Der Zuhörer in der Mitte wählt am Ende die Gruppe, die ihm am besten gefallen hat, und geht zu ihr. Diese Gruppe hat nun einen Teilnehmer gewonnen. In der folgenden Runde darf er als Musikant mitspielen. Danach wird dieser Prozess so lange wiederholt, bis alle Teilnehmer eine Gruppe gefunden haben. Ein Aspekt dieses Spieles ist es unter anderem, dass insbesondere die Gruppen der Kontinente, deren Musik bei den Zuhörern nicht sehr populär ist, sich anstrengen können, indem sie ihren Musikstil noch besser und attraktiver machen, um neue Mitglieder zu gewinnen. Gewonnen hat die Gruppe, die die meisten neuen Mitspieler bekommen hat. Welcher Kontinent ist an zweiter, dritter und vierter Stelle?

94 Die vier Jahreszeiten

Alter | ab 10 Jahre
Material | vier große Blätter Papier oder Tapete, Filzstifte, Instrumente für alle Teilnehmer, „Die vier Jahreszeiten" von Vivaldi, Bettlaken oder Gardine
Dauer | 2–3 Minuten

Dieses Projekt ist eine Form von Musiktheater, das evtl. nach zwei oder drei Unterrichtsstunden innerhalb der Klasse aufgeführt werden kann und sich auch nach einer intensiven Vorbereitung für eine Aufführung auf einem Elternabend oder während einer Klassenfahrt eignet. In jedem Fall braucht die Gruppe zwei bis drei Stunden intensive Vorbereitungszeit. Die Kinder sollten Erfahrung im Spielen von Klangcollagen haben (siehe z. B. die Ausdrucksspiele in diesem Buch) und selbstständig in einer Gruppe arbeiten können.
Die Kinder werden in vier Gruppen eingeteilt, die jeweils eine der vier Jahreszeiten bearbeiten. Erklären Sie die Aufgabe: Es sollen eine Zeichnung und ein Musikstück mit Bewegungen vorbereitet werden, das die Jahreszeiten darstellt. Eventuell können Sie dazu auch erzählen, dass der berühmte italienische Komponist Antonio Vivaldi es ebenso in Form von vier Konzerten gemacht hat. Diese Konzerte gehören zu den Top Ten der klassischen Musik.

Sammeln Sie in der ersten Unterrichtsstunde mit allen Kindern einige Stichpunkte zu jeder Jahreszeit und schreiben Sie sie an die Tafel. Dazu können Sie eine offene Frage stellen: Wenn du an den Frühling/Sommer/Herbst/Winter denkst, welches Bild steigt dann als erstes in dir auf? Das Ergebnis könnte Folgendes sein:

- Frühling: Vogelgezwitscher, kleine Blumen und Pflanzen wachsen, Blüten an den Bäumen
- Sommer: warm, heiß, Ferien, schwimmen, Grillen zirpen
- Herbst: Blätter fallen, Wind, Sturm und Regen
- Winter: kalt, frieren, zittern, Schlittschuhlaufen, Schneebälle werfen

Jede Gruppe bekommt ein großes Blatt Papier (z. B. einen Meter Tapete), auf das die Kinder nun mit Kreide oder Filzstift etwas malen, was mit der Jahreszeit zu tun hat. Die Frühlingsgruppe kann z. B. einen großen Baum mit Blüten malen, ein Kind malt dazu Vögel in der Luft oder im Baum, ein anderes malt kleine Pflanzen und Blumen oder kleine Nester mit Eiern etc. Die Zeichnungen sollten deutlich erkennbar und so groß wie möglich sein, gern auch farbig ausgemalt.

Die Gruppe hört währenddessen den ersten Teil der „Vier Jahreszeiten" von Vivaldi (ca. 5 Minuten). Erklären Sie den Kindern, welchen Teil sie gerade hören.

Die Kinder können so lange malen, bis die Musik zu Ende ist (also 20 Minuten). Die Bilder dienen dann als Hintergrund für die Aufführung. Zusammen mit der Einführung, dem Sammeln von Stichpunkten und dem Malen sind ungefähr 45 Minuten vergangen, also genug Zeit für eine Unterrichtsstunde.

Die zweite Unterrichtsstunde beginnt mit dem Bau eines Podiums, auf dem etwas aufgeführt werden kann. Notfalls besteht es nur aus einem offenen Teil des Raumes, hinter dem zwei Kinder ein Bettlaken oder eine Gardine als Hintergrund festhalten.
Dann werden die vier Zeichnungen der Reihe nach aufgehängt und alle Kinder überlegen sich gemeinsam zu den Bildern verschiedene Geräusche, z. B. beim Frühling Vogelgezwitscher, das Piepen von Küken, das Rascheln von Blättern, das Rauschen eines Baches etc. Dann geht jede Gruppe zu ihrem Platz im Raum und versucht, die Geräusche mit Instrumenten oder Stimmen in Form einer Geräuschcollage darzustellen. Die eine Hälfte der Gruppe macht anschließend die Geräusche, die andere Hälfte stellt sie durch Bewegungen dar. Das kann in Form eines Tanzes oder einer Pantomime geschehen oder eher realistisch mithilfe von Requisiten, z. B. durch das Sprießen von Pflanzen hinter einer Gardine, die auf einem Meter Höhe gehalten wird, oder einen Vogel, der vorbeifliegt. Wenn manche Kinder nicht gewohnt sind, sich frei auszudrücken, kann es hilfreich sein, die Darbietung wie bei einem Schattentheater hinter einer Gardine aufzuführen, damit sie nur schemenhaft erkennbar sind.
Weisen Sie die Kinder darauf hin, dass die Bewegungen und die Geräusche zusammenpassen müssen, d. h. wenn im Winter jemand auf dem Podium Schlittschuh läuft, muss das entsprechende Geräusch auch zu hören sein. Oder wenn im Herbst ein Baum im Wind weht, müssen stürmische Geräusche erklingen.
Die Kinder müssen diese Teamarbeit vorher gut einstudieren, dafür haben sie ungefähr eine halbe Stunde Zeit. Gehen Sie währenddessen herum und bieten Sie, wenn nötig, Unterstützung und Hilfe an.
Falls die Gruppe mit dieser Arbeitsweise nicht viel Erfahrung hat, können Sie auch gezielte Anweisungen geben, z. B. in der Frühlingsgruppe: „Zeigt mir Geräusche und Bewegungen, die darstellen, wie Blumen aus dem Boden sprießen und Küken aus dem Ei schlüpfen." Bei der Sommergruppe: „Wie hört es sich an, wenn es sehr warm ist und Leute schwimmen gehen?" In der Herbstgruppe: „Spielt mir vor, wie es klingt, wenn es stürmt und die Blätter von den Bäumen fallen."

Und in der Wintergruppe: „Zeigt mir, wie es klingt und aussieht, wenn es gefriert, wenn Kinder Schlittschuh laufen, wenn mit Schneebällen geworfen wird."

Die Präsentation der Jahreszeiten braucht nicht länger als eine Minute zu dauern. Wenn es der Zeitrahmen zulässt, kann dies am Ende der Stunde geschehen. Vor der Darstellung jeder neuen Jahreszeit wird die passende Zeichnung im Hintergrund aufgehängt. Aber vielleicht benötigen die Kinder noch etwas mehr Zeit, um die passenden Bewegungen und Verkleidungsutensilien zu finden. In diesem Fall kann besser die nächste gemeinsame Stunde für die Generalprobe und die richtige Aufführung genutzt werden.

Bilderbuchhörspiel

Alter | 6–8 Jahre
Material | Instrumente für etwa die Hälfte der Gruppe
Dauer | eine Stunde

Bekannte Bilderbücher, wie z. B. „Die kleine Raupe Nimmersatt" von Eric Carle, können sehr leicht zu einem Musikspiel umgearbeitet werden.
Lesen Sie dabei die Geschichte vor. Die Kinder stellen die Bilder mit Instrumenten und Geräuschen dar.

96 Musikalische Olympiade

Alter | ab 10 Jahre
Material | Instrumente für die Hälfte der Gruppe
Dauer | ein Nachmittag oder 3 Unterrichtsstunden

Dieses kurze Projekt kann an drei unterschiedlichen Tagen oder an einem halben Tag ausgeführt werden. In der ersten Stunde wird das Spiel erklärt und die Gruppen gebildet, die zweite Stunde dient der Vorbereitung und des Trainierens und in der dritten Stunde findet der Wettkampf statt.

Erklärung (erste Stunde)
Die olympischen Spiele sind ein Wettkampf zwischen Ländern in unterschiedlichen Sportarten. Für die musikalische Olympiade müssen also zunächst die Länder zugeteilt werden (vier bis sechs Kinder pro Land), die in verschiedenen musikalischen Gebieten gegeneinander antreten werden.
Der Spielleiter schreibt fünf bis sechs Länder an die Tafel (z. B. Amerika, England, Frankreich, Niederlande, Deutschland, Spanien). Die Kinder dürfen selbst wählen, zu welchem Land sie gehören möchten.

Dann werden die Disziplinen aufgeschrieben:

1. Hoch singen (Welches Land kann am höchsten singen?)
2. Lied singen (Welches Land kann das schönste Lied singen?)
3. Instrumentalspiel (Welches Land kann am besten eine Melodie oder einen Rhythmus spielen?)
4. Tanzen (Welches Land kann den schönsten Tanz aufführen?)

Die Kinder notieren ihre Länder und die Aufgaben, damit sie zu Hause weiterüben können.

Vorbereitung (zweite Stunde)
Schreiben Sie die Länderteams an die Tafel. Dann überlegen sich die Gruppen einen Schlachtruf, mit dem sie ihre Spieler anfeuern können. Es soll ein kurzer, rhythmischer Schrei sein, der jedes Mal gerufen wird, wenn eine neue Runde beginnt (z. B. „Amerika, hurra!" 3-mal). Danach werden die besten Spieler zu dem jeweiligen Spiel eingeteilt, denn es müssen nicht alle gemeinsam teilnehmen. Zwei bis drei Spieler genügen. Also: Wer aus der Gruppe kann am höchsten singen, spielt ein Instrument oder tanzt am besten?

Nach ungefähr 20–30 Minuten Vorbereitungszeit, am besten in unterschiedlichen Räumen, wird die Stunde mit der Präsentation der Schlachtrufe beendet.

Wettkampf (dritte Stunde)

Sie als Spielleiter fungieren als Jury und können evtl. von zwei Kindern unterstützt werden. Zunächst ertönen alle Schlachtrufe, dann beginnt der erste Teil: hoch singen. Im Vergleich mit einem Instrument wird festgelegt, welcher Ton am höchsten ist. Der Sieger bekommt drei Punkte, der zweitplatzierte Sänger zwei Punkte und der dritte einen Punkt. Die Punkte werden zu dem jeweiligen Land an die Tafel geschrieben.
Danach kommt das Singen eines Liedes an die Reihe. Die Gewinner werden wie oben ermittelt und die Punkte entsprechend notiert.
Nun folgt das Instrumentalspiel. Die Musiker dürfen frei wählen, welches Stück sie spielen, und es darf auch improvisiert werden. Die Ergebnisse werden wieder aufgeschrieben.
Als letzte Disziplin werden die Tänze aufgeführt. Die Kinder dürfen bekannte Schritte darstellen oder eine eigene Choreographie tanzen.
Zum Schluss werden alle Punkte zusammengezählt und die Gewinner ermittelt.

Karten- und Brettspiele

Die folgenden vier Spiele werden in dieser Kategorie aufgeführt, da sie nur mithilfe von Karten oder einem Brettspiel gespielt werden können. Die Vorlagen finden Sie im Anschluss. Sie müssen kopiert, ausgeschnitten und auf Karton geklebt werden. Dafür benötigen Sie etwas Vorbereitungszeit, in der Sie allein oder zusammen mit den Kindern das Material herstellen. Diese Spiele können dann immer nur von einigen Kindern gleichzeitig gespielt werden (außer dem musikalischen Quiz, wenn dabei in Teams gespielt wird). Sie sind besonders für das elementare musikalische Lernen in kleinen Gruppen geeignet. Das musikalische Quiz kann sehr gut als Abschlussspiel mit der gesamten Gruppe eingesetzt werden.

„Instrumenten-Quartett", „Instrumenten-Bingo" und „Tonleiter-Rennen" sind Lernspiele, bei denen die Namen und Klänge von Instrumenten und Noten geübt werden.

„Das musikalische Quiz" ist eine musikalische Variation des bekannten Spiels „Trivial Pursuit", in dem es um Wissen über Musik geht. Es kann am Ende einer Lerneinheit mit zwei Teams gegeneinander gespielt werden.

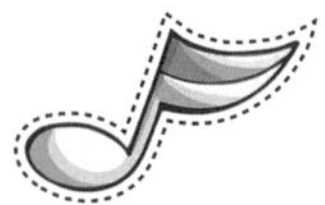

97 Instrumenten-Quartett

Alter | ab 10 Jahre
Material | selbstgemachte Quartettkarten
Dauer | 20–30 Minuten

Dieses Spiel besteht aus sechs verschiedenen Quartetten mit Instrumenten. Kopieren Sie die Bilder vorab etwas vergrößert und kleben Sie sie auf Karton. Es spielen immer vier Spieler gleichzeitig. Die Spielregeln sind wie bei einem normalen Quartett: Die Karten werden gemischt und verteilt. Die Teilnehmer sortieren ihre Karten. Wenn ein Set mit vier Karten vollständig ist, legen sie es auf den Tisch. Der Spieler links vom Kartengeber beginnt mit dem Fragen. Wenn sein Nachbar die Karte hat, muss er sie ihm geben, wenn nicht, ist er selbst an der Reihe. Wer am Ende die meisten Sets gesammelt hat, ist der Gewinner.

Variation:
Alternativ kann auch eine Karte verdeckt beim Nachbarn gezogen und die Sets können auf diese Weise gesammelt werden.

Instrumenten-Quartett (1/3)

Streichinstrumente

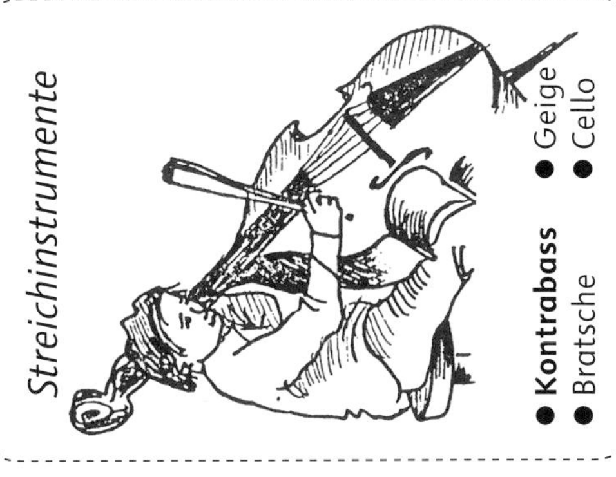

- **Kontrabass**
- Bratsche
- Geige
- Cello

Zupfinstrumente

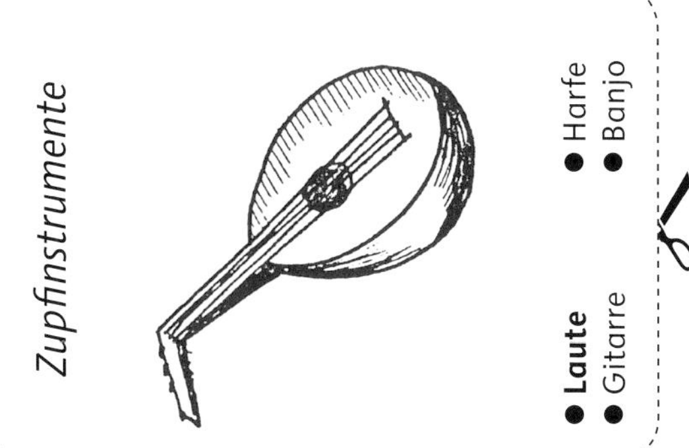

- **Laute**
- Gitarre
- Harfe
- Banjo

Streichinstrumente

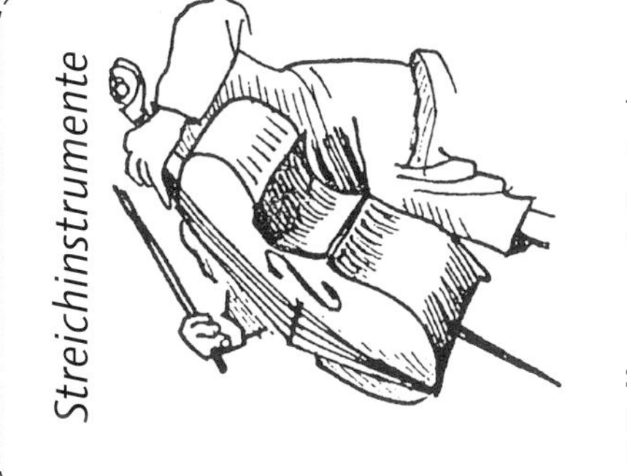

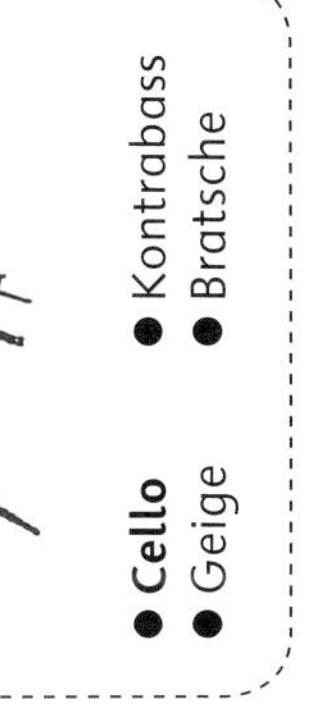

- **Cello**
- Geige
- Kontrabass
- Bratsche

Zupfinstrumente

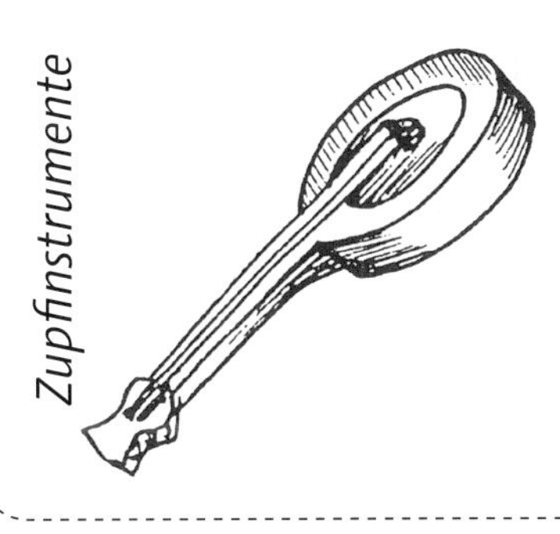

- **Banjo**
- Harfe
- Laute
- Gitarre

Streichinstrumente

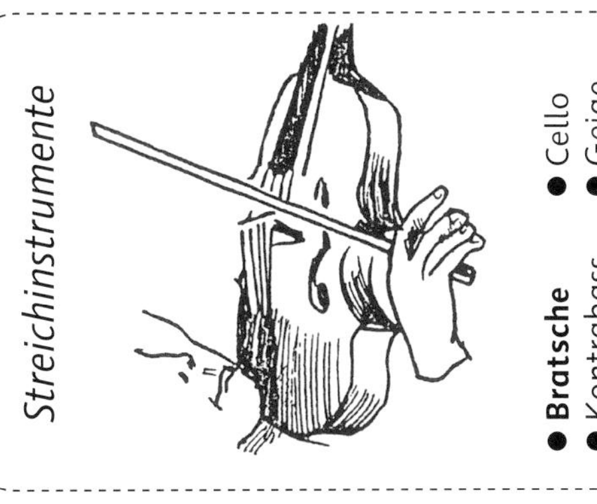

- **Bratsche**
- Kontrabass
- Cello
- Geige

Zupfinstrumente

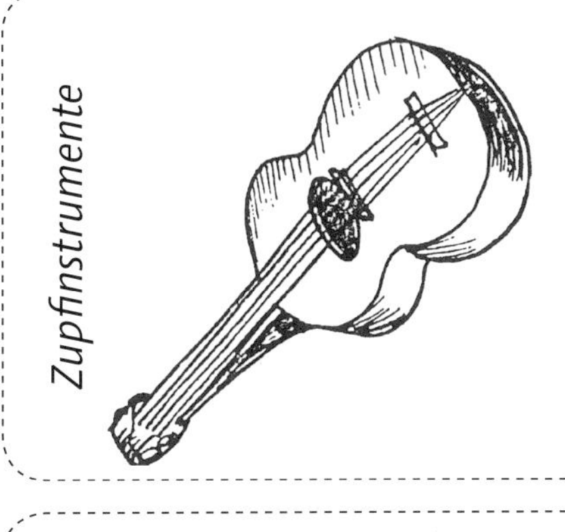

- **Gitarre**
- Laute
- Banjo
- Harfe

Streichinstrumente

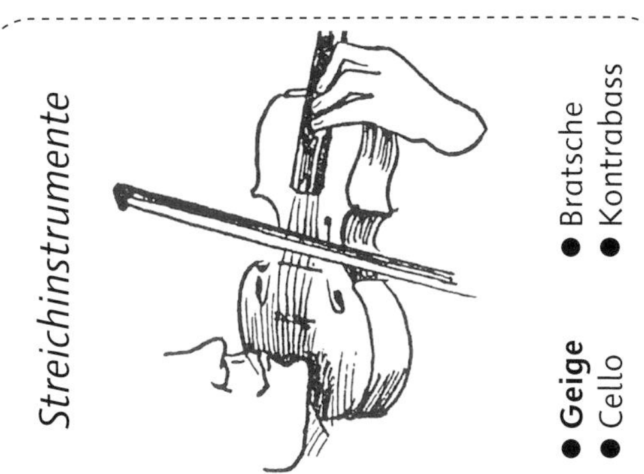

- **Geige**
- Cello
- Bratsche
- Kontrabass

Zupfinstrumente

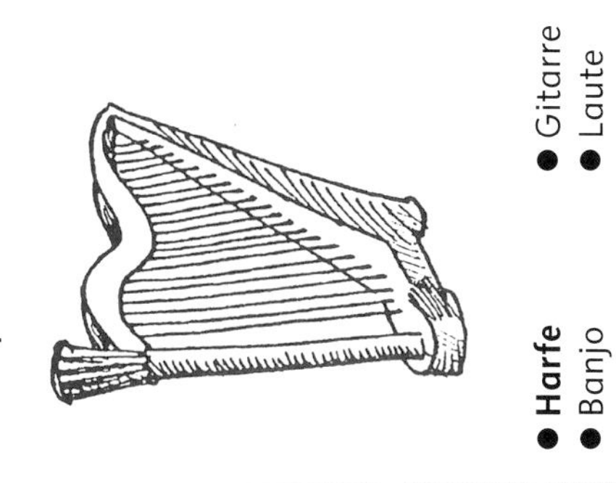

- **Harfe**
- Banjo
- Gitarre
- Laute

© Verlag an der Ruhr | Autor: Ger Storms
ISBN 978-3-8346-3886-1 | www.verlagruhr.de
Illustrationen: © Jos Hoenen
Icon: © balabolka – Fotolia.com

Instrumenten-Quartett (2/3)

Blechblasinstrumente

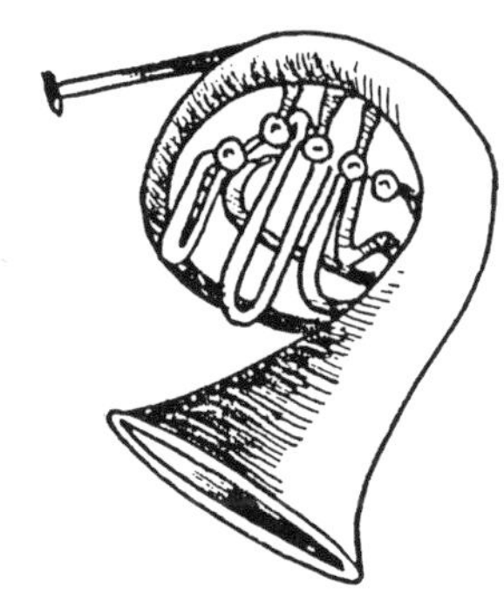

- **Horn**
- Posaune
- Trompete
- Tuba

Holzblasinstrumente

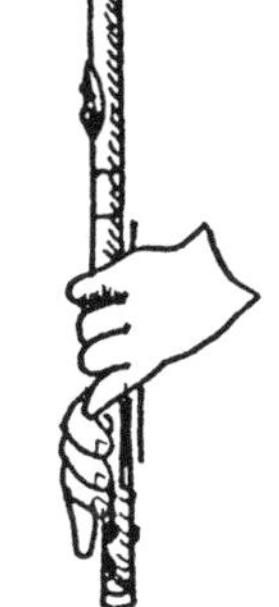

- **Querflöte**
- Fagott
- Klarinette
- Oboe

Blechblasinstrumente

- **Tuba**
- Trompete
- Horn
- Posaune

Holzblasinstrumente

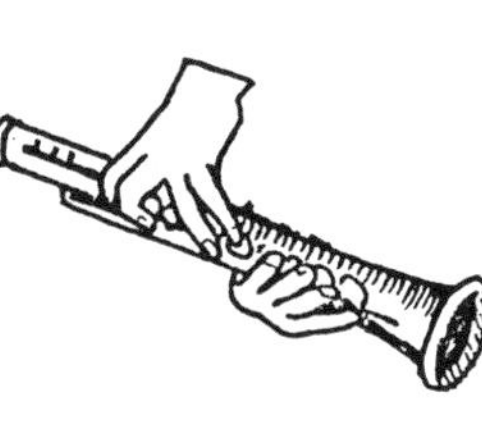

- **Oboe**
- Klarinette
- Querflöte
- Fagott

Blechblasinstrumente

- **Posaune**
- Horn
- Tuba
- Trompete

Holzblasinstrumente

- **Fagott**
- Querflöte
- Oboe
- Klarinette

Blechblasinstrumente

- **Trompete**
- Tuba
- Posaune
- Horn

Holzblasinstrumente

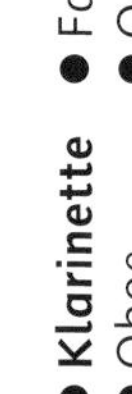

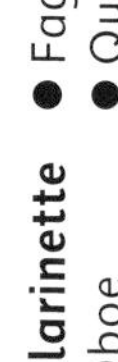

- **Klarinette**
- Oboe
- Fagott
- Querflöte

Illustrationen: © Jos Hoenen
Icon: © balabolka – Fotolia.com

© Verlag an der Ruhr | Autor: Ger Storms
ISBN 978-3-8346-3886-1 | www.verlagruhr.de

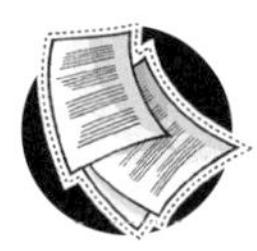

Instrumenten-Quartett (3/3)

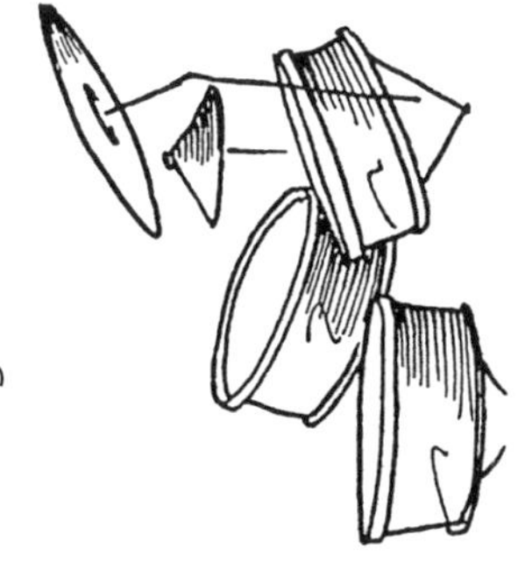

Große Schlaginstrumente

- **Schlagzeug**
- Pauke
- Trommel
- Konga

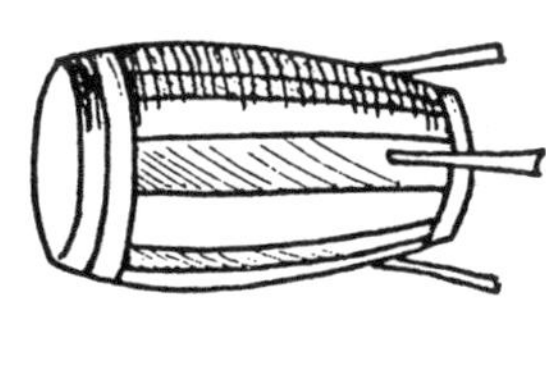

Große Schlaginstrumente

- **Konga**
- Trommel
- Schlagzeug
- Pauke

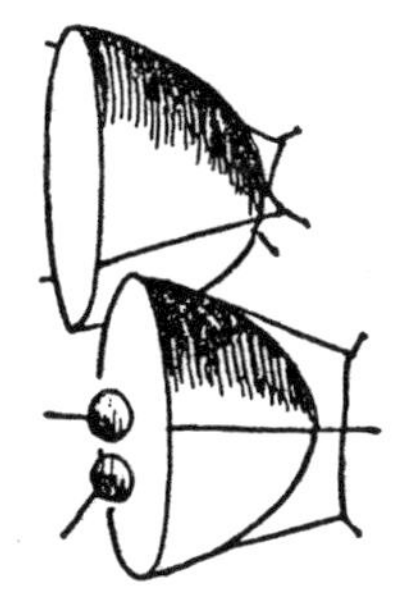

Große Schlaginstrumente

- **Pauke**
- Schlagzeug
- Konga
- Trommel

Große Schlaginstrumente

- **Trommel**
- Konga
- Pauke
- Schlagzeug

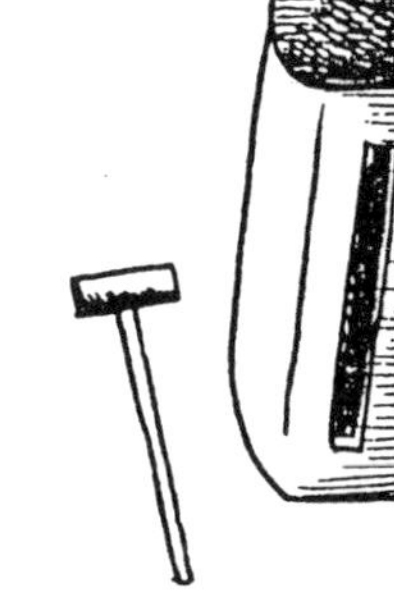

Kleine Schlaginstrumente

- **Holzblock**
- Schellenkranz
- Tamburin
- Triangel

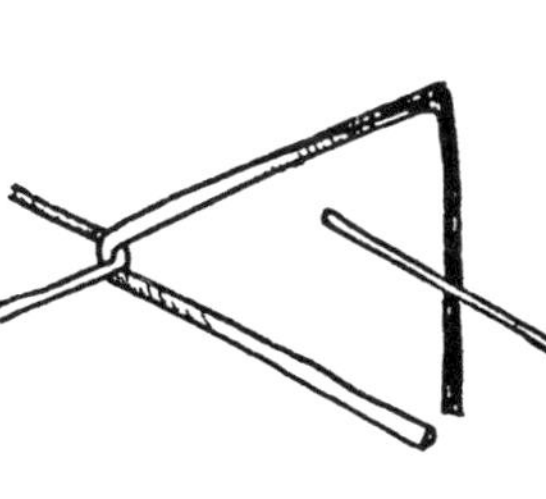

Kleine Schlaginstrumente

- **Triangel**
- Tamburin
- Holzblock
- Schellenkranz

Kleine Schlaginstrumente

- **Schellenkranz**
- Holzblock
- Triangel
- Tamburin

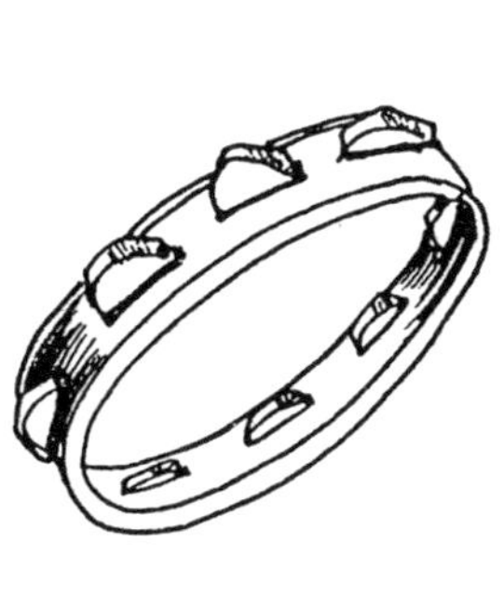

Kleine Schlaginstrumente

- **Tamburin**
- Triangel
- Schellenkranz
- Holzblock

© Verlag an der Ruhr | Autor: Ger Storms
ISBN 978-3-8346-3886-1 | www.verlagruhr.de
Illustrationen: © Jos Hoenen
Icon: © balabolka – Fotolia.com

98 Instrumenten-Bingo

Alter | alle Altersgruppen
Material | selbstgemachte Bingokarten, je 7 Steinchen, Murmeln o. Ä. für jeden Spieler, 12 Instrumente
Dauer | 10–30 Minuten

Kopieren Sie die vier Karten und kleben Sie sie auf Karton. Dann werden sie an vier der fünf Spieler verteilt. Jeder bekommt 7 Steinchen o. Ä., die er im Spielverlauf auf die Karten legen kann. 12 Instrumente, die deutlich unterschiedlich klingen, werden bereitgelegt. Es können auch andere Gegenstände sein, die Geräusche machen, wie z. B. eine leere Flasche, eine Teetasse, eine Schachtel mit Steinen oder Murmeln, eine Rassel etc.
Schreiben Sie die 12 Instrumente oder Gegenstände an die Tafel, z. B. Trommel – Bongo – Tamburin – Holzblock – Xylophon – Sambaball – Glockenspiel – Flöte – Becken – Flasche – Tasse – Murmeln. Der fünfte Spieler spielt acht der Instrumente in einer willkürlichen Reihenfolge kurz an. Wenn die Kinder, die eine Karte haben, ein Instrument darauf erkennen (ohne es zu sehen), legen sie einen Stein auf die Abbildung. Wer seine Karte als Erster voll hat, ruft „Bingo" und ist der Gewinner.

Instrumenten-Bingo (1/2)

© Verlag an der Ruhr | Autor: Ger Storms
ISBN 978-3-8346-3886-1 | **www.verlagruhr.de**
Illustrationen: © Jos Hoenen
Icon: © balabolka – Fotolia.com

Instrumenten-Bingo (2/2)

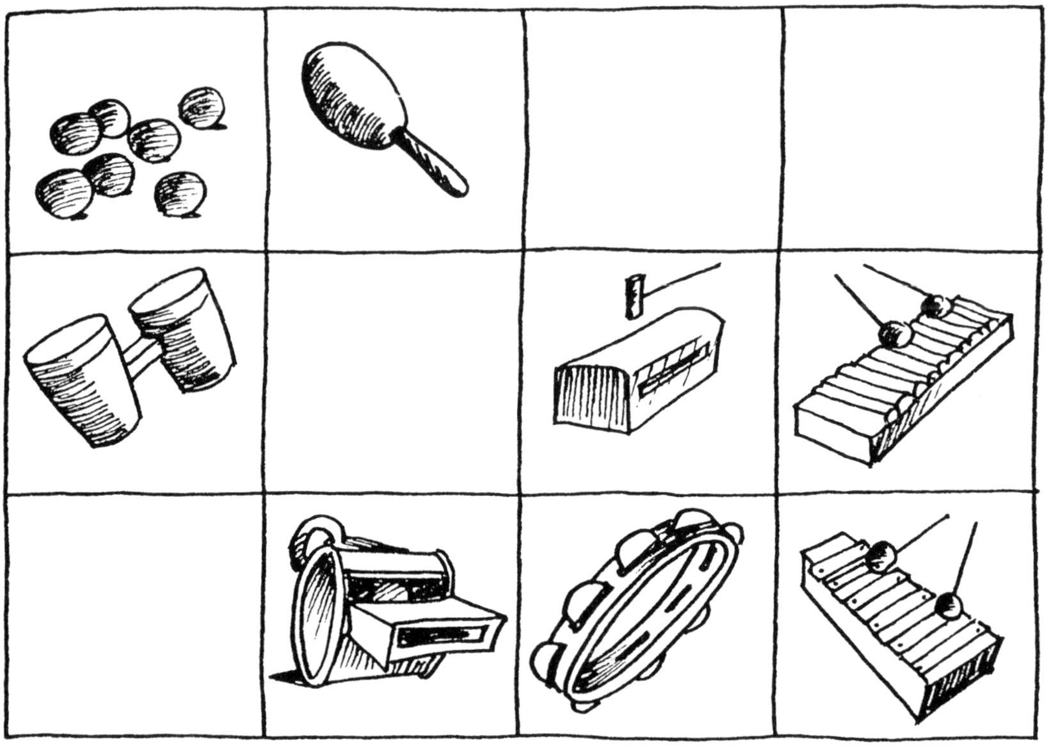

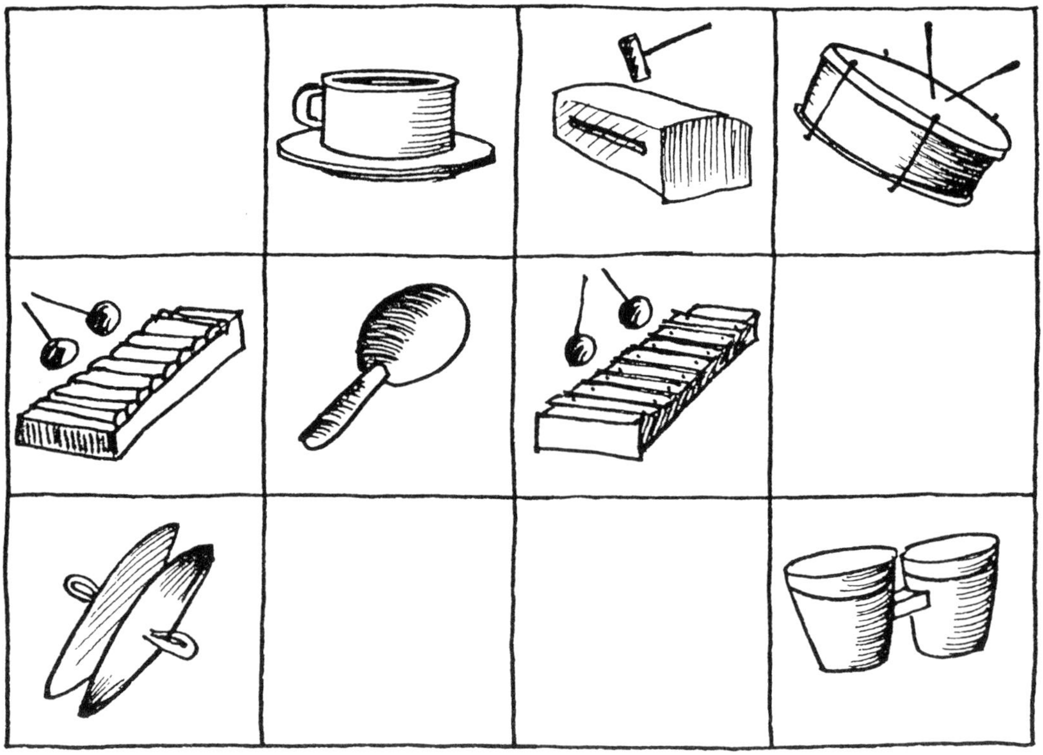

Illustrationen: © Jos Hoenen
Icon: © balabolka – Fotolia.com

© Verlag an der Ruhr | Autor: Ger Storms
ISBN 978-3-8346-3886-1 | www.verlagruhr.de

99 Tonleiter-Rennen

Alter | alle Altersgruppen
Material | Brettspiel, Stabinstrument, Münzen, 2–3 Figuren
Dauer | 10–20 Minuten

Kopieren Sie die Tonleiter vergrößert für alle Teilnehmer. Das Spiel kann von mehreren Gruppen mit je zwei bis drei Spielern gleichzeitig gespielt werden. Jede Gruppe benötigt eine Kopie, ein Stabinstrument (Glockenspiel, Xylophon oder Metallophon), eine Münze und zwei bis drei verschiedenfarbige Figuren.
Ein Kind beginnt und wirft vorsichtig eine Münze auf das Stabinstrument. Wenn sie auf einem Stab liegenbleibt, schaut es nach, welcher Ton das ist, und setzt seine Figur auf das erste Feld nach „Start“ mit dem entsprechenden Namen. Wenn kein Ton getroffen wird, bleibt die Figur, wo sie ist, und das nächste Kind ist an der Reihe. Es wirft die Münze ebenfalls und stellt seine Figur auf das entsprechende Feld nach „Start“. In der nächsten Runde werden die Figuren auf die nächstfolgenden Kästchen mit den entsprechenden Tönen gesetzt. Wenn ein Kind eine Münze auf einen Stab wirft, auf dem bereits die Figur eines anderen Kindes steht, ist dieses „raus“ und muss zurück zum Anfang. Wer als Erster den obersten Ton erreicht hat, ist der Gewinner.

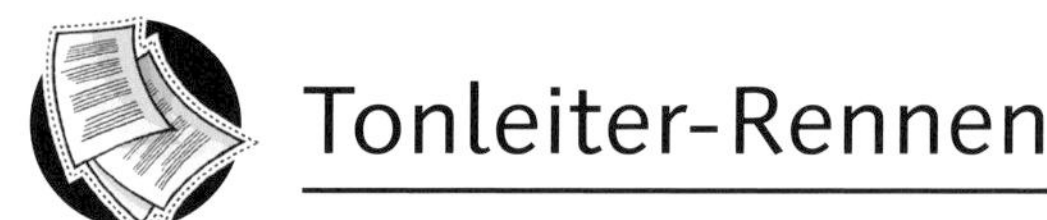

Tonleiter-Rennen

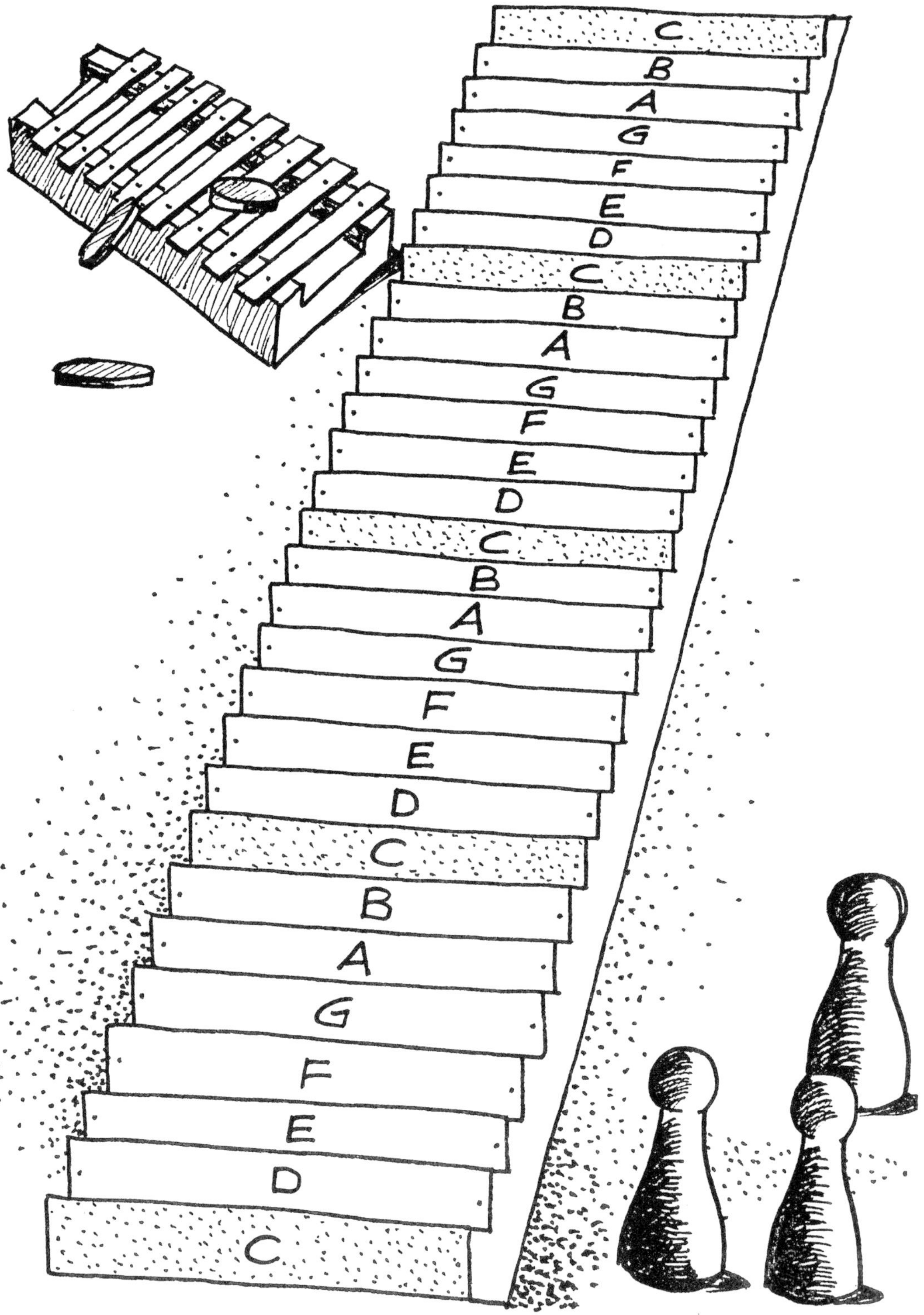

Illustration: © Jos Hoenen
Icon: © balabolka – Fotolia.com

© Verlag an der Ruhr | Autor: Ger Storms
ISBN 978-3-8346-3886-1 | www.verlagruhr.de

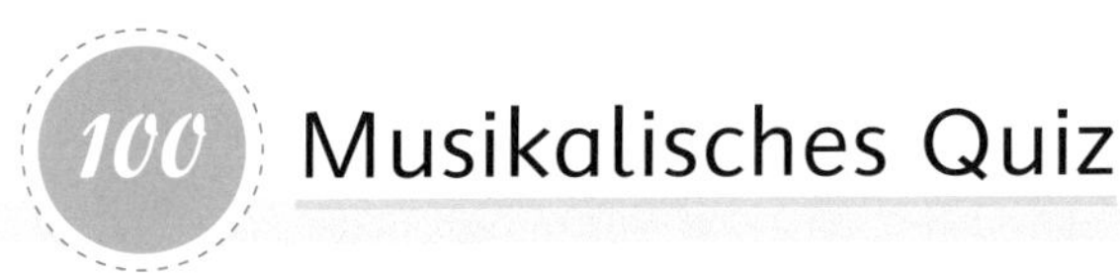

100 Musikalisches Quiz

Alter | ab 12 Jahre
Material | Karten, Spielmarken, Würfel
Dauer | unbegrenzt

Kopieren Sie die Karten und schneiden Sie sie auseinander. Beschriften Sie zweimal sechs Kärtchen mit den Nummern 1 bis 6 darauf. Nun werden die Teilnehmer in zwei Gruppen eingeteilt. Achten Sie darauf, dass die Kinder, die Musikunterricht haben, gleichmäßig in beiden Gruppen vertreten sind, da sie im Vorteil sind. Legen Sie die Fragen und Antworten sowie die Nummern vor sich.

Es gibt sechs Kategorien:

1. Klassische Musik allgemein
2. Popmusik allgemein
3. Instrumente
4. Musiklehre
5. Geschichte der klassischen Musik
6. Geschichte der Popmusik

Die Teammitglieder würfeln abwechselnd. Die Karte der gewürfelten Zahl wird gezogen und nur der Spieler, der gewürfelt hat, darf die Antwort geben. Ist die Antwort richtig, bekommt er einen Punkt/Zettel mit der Nummer der entsprechenden Kategorie und darf noch einmal würfeln. Ist die Antwort falsch, ist das andere Team an der Reihe. Der Spielleiter entscheidet anhand der Lösung, ob die Frage richtig beantwortet wurde. Das Team, das als erstes je eine Frage aus allen Kategorien richtig beantwortet hat, ist der Gewinner. Es darf nicht länger als eine Minute über eine Antwort nachgedacht werden.

Variation

Die sechs Zettel mit den Zahlen können auch mit den sechs Buchstaben eines Wortes kombiniert werden, das Sie sich ausdenken können. Jedes Team bekommt ein anderes Wort. Wer sein Wort zuerst errät, hat gewonnen. Dadurch wird das Spiel allerdings etwas kürzer.

Ergänzung

Sie können sich natürlich passend zur Gruppe und zu deren Alter auch selbst musikalische Fragen überlegen. Auch eigene Spielideen der Kinder können gern in den Spielverlauf mit aufgenommen werden.

Musikalisches Quiz (1/6)

Karte 1

1. Nenne die drei berühmtesten Komponisten.
2. Wie heißt die berühmteste Popgruppe aller Zeiten?
3. Zu welcher Instrumentengruppe gehört die Geige?
4. Wie viele Schläge dauert eine ganze Note?
5. In welchem Land wurde Beethoven geboren: Deutschland, Frankreich oder Belgien?
6. Wer komponierte „Let it be"?

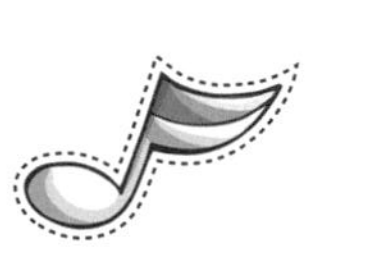

Karte 2

1. Wie heißt der Leiter eines großen Orchesters?
2. Woher kommt das Wort „Popmusik"?
3. Wie viele Saiten hat eine Gitarre?
4. Wie heißt der am meisten benutzte Musikschlüssel?
5. In welchem Jahrhundert lebte Mozart? 16., 18. oder 20. Jahrhundert?
6. In welchem Jahr entstand die Popmusik? 1924, 1954 oder 1966?

Karte 3

1. Wer hat die „Vier Jahreszeiten" komponiert?
2. Wer hat „Yesterday" komponiert?
3. Wie heißt eine Gitarre mit vier Saiten?
4. Wie viele Linien hat ein Notensystem?
5. Wie heißt der Musikstil von Bach?
6. Wann wurde Elvis Presley bekannt? In den 1950er-, 1960er- oder 1970er-Jahren?

Karte 4

1. Wie heißt ein bekannter Film über Mozart?
2. Um welchen Sänger dreht sich das Musical „Hinterm Horizont"?
3. Was ist der Unterschied zwischen einem Keyboard und einem Piano?
4. Hat ein Walzer einen 2/4-, 3/4- oder 4/4-Takt?
5. Was ist das bekannteste Stück von Saint-Saëns?
6. Aus welchem Land kommt U2?

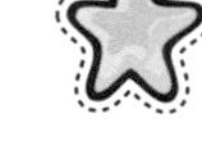

Illustrationen und Icon: © balabolka – Fotolia.com

© Verlag an der Ruhr | Autor: Ger Storms
ISBN 978-3-8346-3886-1 | www.verlagruhr.de

Musikalisches Quiz (2/6)

Karte 5

1. Wie heißt ein großes Theaterstück, in dem nur gesungen wird?
2. Wie heißt moderne Tanzmusik, in der nur rhythmisch gesprochen wird?
3. Auf welchem Horn kann man nicht blasen?
4. Was ist eine „Etude"?
5. Wie heißt der Komponist von „Für Elise"?
6. Nenne eine bekannte schwedisch-deutsche Popgruppe aus den 1970er- und 1980er-Jahren.

Karte 6

1. Mit wie vielen Musikern wird ein Duo gespielt?
2. Bei welcher Band ist „Küssen verboten"?
3. Nenne ein Streichinstrument, das größer als eine Geige ist.
4. Was bedeutet „ff" in einem Musikstück?
5. Von welchem Komponist ist die Oper „Carmen"?
6. Wie heißt die älteste Musik der amerikanischen Schwarzen?

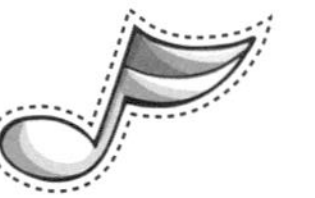

Karte 7

1. Wie wird eine Sängerin mit einer hohen Stimme genannt?
2. Was ist die wichtigste Funktion von Discomusik?
3. Nenne die drei wichtigsten Instrumente einer Popgruppe.
4. Was bedeutet „Fine" in einem Musikstück?
5. Wer komponierte die Oper „Zauberflöte"?
6. Aus welchem Land kommt der Reggae?

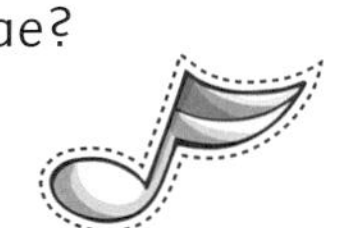

Karte 8

1. Aus wie vielen Spielern besteht ein großes Sinfonieorchester?
   Etwa 50, etwa 100 oder etwa 200 Mitglieder?
2. Wie heißt der Sänger der Rolling Stones?
3. Sind in einem Streichorchester auch Gitarren?
4. Was bedeutet „staccato"?
5. Welcher Komponist wurde am Lebensende taub?
6. Welches Bandmitglied der Beatles wurde erschossen?

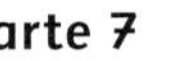

© Verlag an der Ruhr | Autor: Ger Storms
ISBN 978-3-8346-3886-1 | www.verlagruhr.de
Illustrationen und Icon: © balabolka – Fotolia.com

Musikalisches Quiz (3/6)

Karte 9

1. Zu welcher Gruppe von Instrumenten gehört eine Fanfare?
2. Wie heißt ein Musikstil, der hauptsächlich von Computern produziert wird?
3. Welches Instrument passt nicht in diese Reihe: Klavier – Orgel – Flügel – Cello – Spinett?
4. Wie heißt das Buch, das ein Dirigent benutzt und in dem alle Orchesterstimmen stehen?
5. Welche Technoparade gab es von 1989 bis 2010?
6. Aus welchem Land kommen die Rolling Stones?

Karte 10

1. Welcher berühmte Komponist aus der Barockzeit hatte 20 Kinder, von denen einige auch Komponisten wurden?
2. Welcher Sänger singt das Lied „Dieser Weg"?
3. Zu welcher Instrumentengruppe gehören Horn, Tuba, Trompete und Posaune?
4. Aus wie vielen Instrumenten besteht ein Streichquartett?
5. Aus welchem Land stammt der Komponist Chopin?
6. In welchem Land ist die Popmusik entstanden?

Karte 11

1. Wer gehört nicht in diese Reihe:
   Geiger – Flötist – Pianist – Dirigent – Sänger?
2. Wer gehört nicht in diese Reihe:
   Madonna – Michael Jackson – Whitney Houston – Nena – Prince?
3. Was ist das größte Tasteninstrument?
4. Wie lange dauert eine Viertelnote?
5. Aus welchem Land kommt Tschaikowsky?
6. Wer komponierte das Lied „Aber bitte mit Sahne"?

Karte 12

1. Von welchem Komponisten spielt André Rieu die meiste Musik:
   Mozart – Strauß – Beethoven – Verdi?
2. Nenne drei Popsängerinnen.
3. Was ist das kleinste Schlaginstrument?
4. Wie viele Achtelnoten passen in eine halbe Note?
5. Nenne ein bekanntes Ballett von Tschaikowsky.
6. Wie nannte sich das Duo Thomas Anders und Dieter Bohlen?

Illustrationen und Icon: © balabolka – Fotolia.com

© Verlag an der Ruhr | Autor: Ger Storms
ISBN 978-3-8346-3886-1 | www.verlagruhr.de

Musikalisches Quiz (4/6)

Karte 13

1. Wie nennt man jemanden mit einer sehr tiefen Stimme?
2. Wer schrieb das Lied „Über den Wolken?“
3. Wie lang ist eine Querflöte: 2 m, 1 m, 70 cm?
4. Was bedeutet „Allegro“?
5. Der russische Komponist Prokofjew komponierte Musik für ein altes russisches Märchen. Wie heißt es?
6. Welches Instrument spielt der blinde Sänger Stevie Wonder?

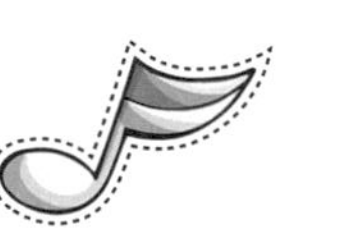

Karte 14

1. Wie heißt das bekannteste Sinfonieorchester in Deutschland?
2. Welcher deutsche Sänger singt „Ein Hoch auf uns“?
3. Was gehört nicht in diese Reihe: Gitarre – Laute – Flöte – Harfe – Mandoline?
4. Was bedeutet „pp“ in der Musik?
5. Welcher russische Komponist schrieb die Ballettmusik für „Schwanensee“?
6. Wann wurde „Techno“ populär – 1980er-, 1990er- oder 2000er-Jahre?

Karte 15

1. Wer ist der Komponist von „Bolero“?
2. Wie viele Musikstile gibt es in der Popmusik: 5, 10 oder mehr als 10?
3. Was bedeutet „Keyboard“ auf Deutsch?
4. Was ist der vierte Ton der Tonleiter in C?
5. Wer ist der Komponist der „West Side Story“?
6. Welches Lied von Nena ist am bekanntesten?

Karte 16

1. Aus wie vielen Teilen besteht ein Klavier- oder Geigenkonzert: 1, 2 oder 3 Teile?
2. Welcher Megastar wurde mit den Tanzschritten „Moonwalk“ bekannt?
3. Wie heißt das größte Schlaginstrument in einem Orchester?
4. Welche Noten kann man nicht spielen?
5. Wer war der berühmteste Geiger aller Zeiten?
6. Welche Popgruppe komponierte „We are the Champions?“

© Verlag an der Ruhr | Autor: Ger Storms
ISBN 978-3-8346-3886-1 | www.verlagruhr.de
Illustrationen und Icon: © balabolka – Fotolia.com

Musikalisches Quiz (5/6)

Karte 17

1. Wer gehört nicht in diese Reihe:
   Rossini – Puccini – Verdi – Pavarotti – Vivaldi?
2. Bei welchem Stil sind die Gitarren das Wichtigste:
   Hard Rock oder Close Harmony?
3. Wie heißt das Instrument mit den Holzstäbchen, die nebeneinanderliegen und auf denen man eine Melodie spielen kann?
4. Wie heißt ein Theaterstück, in dem gesungen und getanzt wird?
5. Wer hat „Eine kleine Nachtmusik" komponiert?
6. Welche Popgruppe komponierte „The Wall"?

Karte 18

1. Welcher Musikstil ist der älteste:
   Volksmusik – Popmusik – klassische Musik?
2. Welcher Stil ist der langsamste:
   Blues – Reggae – Hard Rock – House?
3. In welches Instrument strömt während des Spielens Luft hinein und hinaus?
4. Wie heißt ein Lied, bei dem die Sänger nacheinander mit dem Gesang einsetzen?
5. In welchem Land wurde Vivaldi geboren?
6. Mit welchem Stil wurde Elvis Presley berühmt:
   Blues – Reggae – Disco – Rock 'n' Roll?

Karte 19

1. Saint-Saëns komponierte ein Stück über Tiere. Wie heißt es?
2. Wo werden Popmusik-CDs aufgenommen?
3. Wie heißt eine Handtrommel mit Glöckchen?
4. Was bedeutet „crescendo"?
5. Wer war das berühmteste Wunderkind in der gesamten Musikgeschichte?
6. Welche Sängerin spielte die Hauptrolle in dem Film „Bodyguard"?

Karte 20

1. In einem gemischten Chor gibt es Sopran, Alt, Tenor, Bariton und …?
2. Wie heißt ein kurzer Videoclip zur Vorstellung eines neuen Popsongs?
3. Welches Blechblasinstrument wurde nach seinem Erfinder benannt?
4. Was bedeutet „presto"?
5. Was ist ein Menuett?
6. In welchem Musical spielte Madonna die Hauptrolle?

Illustrationen und Icon: © balabolka – Fotolia.com

© Verlag an der Ruhr | Autor: Ger Storms
ISBN 978-3-8346-3886-1 | www.verlagruhr.de

Musikalisches Quiz (6/6)

Karte 21

1. Um Berufsmusiker zu werden, muss man an einem .... studieren.
2. Wenn ein altes Poplied neu bearbeitet wird, heißt das ...?
3. Wie nennt man zwei hölzerne Rhythmusstöcke?
4. Was bedeutet „decrescendo"?
5. Aus welcher berühmten Oper stammt das Lied „Toreador"?
6. In welchem Jahr starb Michael Jackson: 2004, 2009 oder 2013?

Karte 22

1. Welches Oratorium von Bach wird an Ostern aufgeführt?
2. Wie heißt der Popmusikstil, bei dem Pop mit Klassik kombiniert wird?
3. Welches Blasinstrument produziert den tiefsten Ton?
4. Was bedeutet ein Punkt hinter einer halben Note?
5. Wofür wird ein Requiem komponiert?
6. Folkrock ist eine Kombination aus Pop und ...?

Karte 23

1. Nenne einen bekannten deutschen Geiger, der auch Popmusik spielt.
2. Eine Popgruppe besteht meistens aus einem Gitarristen, Bassisten, Sänger, Keyboardspieler und einem ...
3. Welches Blasinstrument macht den höchsten Ton?
4. Was bedeutet ein Punkt hinter einer Viertelnote?
5. Welcher amerikanische Komponist komponierte „Summertime" aus „Porgy and Bess"?
6. In welchem Jahr haben die Beatles sich getrennt? 1960, 1970 oder 1980?

Karte 24

1. Welchen bekannten Zeichentrickfilm machte Walt Disney über berühmte klassische Musik?
2. Wie heißt der bekannteste Hit von Peter Fox?
3. Ist eine Klarinette ein Holzblas- oder ein Blechblasinstrument?
4. Was bedeutet es, „a capella" zu singen?
5. Für welches Instrument komponierte Bach die meisten seiner Stücke?
6. Welches Lied wurde zur „Hymne" der Fußball-WM 2014, bei der die deutsche Nationalmannschaft den Titel gewann?

© Verlag an der Ruhr | Autor: Ger Storms
ISBN 978-3-8346-3886-1 | www.verlagruhr.de
Illustrationen und Icon: © balabolka – Fotolia.com

Karte 1

1. Bach, Mozart, Beethoven
2. Die Beatles
3. Streichinstrumente
4. Vier
5. Deutschland
6. Die Beatles

Karte 2

1. Dirigent
2. Populäre Musik
3. Sechs
4. G-Schlüssel oder Violinschlüssel
5. 18. Jhdt.
6. 1954

Karte 3

1. Vivaldi
2. Die Beatles
3. Bassgitarre
4. Fünf
5. Barock
6. 1950er-Jahre

Karte 4

1. Amadeus
2. Udo Lindenberg
3. Keyboard: elektrisch,
   Klavier: mechanisch
4. ¾-Takt
5. Der „Karneval der Tiere"
6. Irland

Karte 5

1. Oper
2. Rap
3. Nashorn
4. Übung
5. Beethoven
6. ABBA

Karte 6

1. Zwei
2. Die Prinzen
3. Bratsche, Cello oder Kontrabass
4. Fortissimo: sehr laut
5. Bizet
6. Blues

Karte 7

1. Sopranistin
2. Tanzen
3. Gitarre, Bass, Schlagzeug
4. Ende
5. Mozart
6. Jamaika

Karte 8

1. 100
2. Mick Jagger
3. Nein
4. Kurz spielen
5. Beethoven
6. John Lennon

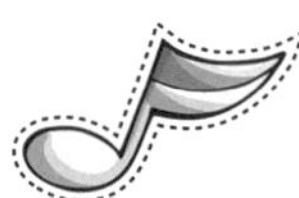

Karte 9

1. Blasinstrumente
2. House
3. Cello
4. Partitur
5. Loveparade
6. England

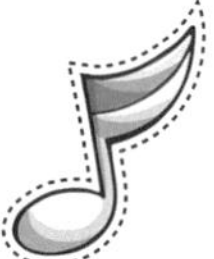

Karte 10

1. Bach
2. Xavier Naidoo
3. Blechblasinstrumente
4. Vier
5. Polen
6. Amerika

Karte 11

1. Dirigent
2. Marco Borsato
3. Orgel
4. Ein Schlag
5. Russland
6. Udo Jürgens

Karte 12

1. Strauß
2. Madonna, Lady Gaga, Adele
3. Triangel
4. Vier
5. Schwanensee, Nussknacker
6. Modern Talking

Karte 13

1. Bass
2. Reinhard Mey
3. 70 cm
4. Fröhlich
5. Peter und der Wolf
6. Klavier

Karte 14

1. Berliner Philharmonieorchester
2. Andreas Bourani
3. Flöte
4. Pianissimo: sehr leise
5. Tschaikowsky
6. 1980er-Jahre

Karte 15

1. Ravel
2. Mehr als 10
3. Tastenfeld
4. F
5. Bernstein
6. 99 Luftballons

Karte 16

1. Drei
2. Michael Jackson
3. Pauke
4. Schulnoten
5. Paganini
6. Queen

Karte 17

1. Pavarotti
2. Hard Rock
3. Xylophon
4. Musical
5. Mozart
6. Pink Floyd

Karte 18

1. Volksmusik
2. Blues
3. Posaune
4. Kanon
5. Italien
6. Rock 'n' Roll

Karte 19

1. Karneval der Tiere
2. Studio
3. Tamburin
4. Stärker werden
5. Mozart
6. Whitney Houston

Karte 20

1. Bässe
2. Clip
3. Saxophon
4. Schnell
5. Tanz
6. Evita

Karte 21

1. Konservatorium
2. Cover
3. Klangstäbe
4. Leise werden
5. Carmen
6. 2009

Karte 22

1. Matthäuspassion
2. Sinfonische Popmusik
3. Tuba
4. Verlängerung um die Hälfte des Wertes, also insgesamt 3 Schläge
5. Begräbnis
6. Volksmusik

Karte 23

1. David Garrett
2. Schlagzeuger
3. Piccoloflöte
4. Verlängerung um die Hälfte des Wertes, also insgesamt 3 Achtelschläge
5. Gershwin
6. 1970

Karte 24

1. Fantasia
2. Haus am See
3. Holzblasinstrument
4. Unbegleitetes Singen
5. Orgel
6. Ein Hoch auf uns

Die Musikspiele nach Alter geordnet

6–8 Jahre

3 Melodie oder Rhythmus
4 Tierlaute
15 Die Biene
19 Wer hat es?
23 Triangel-Spiel
27 Tier-Spiel
28 Musikalisches Gespräch
42 Musikalische Fische
43 Wörter klatschen
44 Namens-Spiel
45 Start und Stopp
46 Vor- und Nachmachen
47 Schnell oder langsam
48 Rätsel-Spiel
49 Klatsch-Spiel
87 Kreisspiel aus Curaçao
95 Bilderbuchhörspiel

6–9 Jahre

8 Telegramm-Spiel
10 Instrumenten-Quiz
13 Geräusche-Kette
18 Geräusche nach Zahlen
20 Geräusche-Spiel
31 Instrumentensuche
33 Auf dem Spielplatz
85 Orchester-Spiel
86 Kululi Janaas

6–10 Jahre

5 Silbensinfonie
7 Nachspielen
16 Schlafende Hunde
25 Telefon-Spiel
38 Zug-Spiel
52 Rhythmisches Orchesterspiel
66 Stock-Tanz
75 Reise unter Wasser
76 Frühlingsspaziergang

6–12 Jahre

55 Der Klangbaum
56 Die Sackgasse
57 Die Rennbahn

6–16 Jahre

1 Wer von den dreien?
2 Geräusche-Raten
9 Musikalische Kim-Spiele
64 Das Wetter-Spiel
98 Instrumenten-Bingo
99 Tonleiter-Rennen

8–10 Jahre

12 Klangstäbe-Spiel
34 Geräusche-Rätsel
84 Ein deutscher und ein türkischer Fuchs

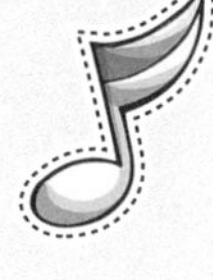

Die Musikspiele nach Alter geordnet

8–12 Jahre

11 Lebendiges Memo
50 Rhythmus-Suche
53 Liedrhythmus-Spiel
60 Body Music
81 Multikultureller Kreistanz
82 Mehrsprachiger Kanon
83 Interkulturelles Songfestival
90 Die unmögliche Aufgabe
91 Zirkusprojekt
92 Jahrmarktprojekt

8–16 Jahre

6 Der Wolf und das Geißlein
17 Wer ist der Dirigent?
23 Rechts – links
32 Instrumente würfeln
54 Afrikanisches Rhythmusspiel
65 Steh-Tanz
71 Spaghetti-Tanz
74 Trommel-Tanz
88 Der laute Knall

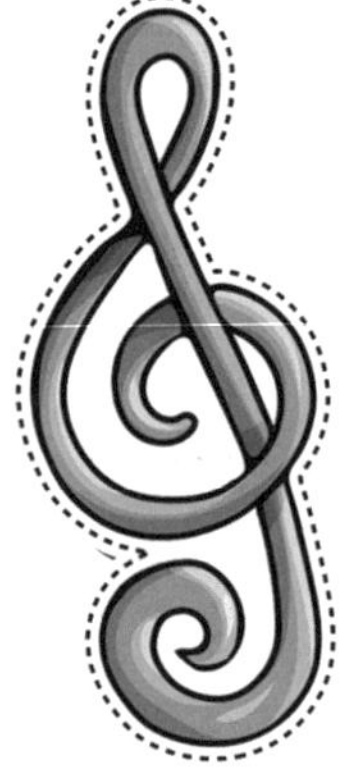

10–16 Jahre

21 Die Karawane
22 Musikalische Tastatur
29 Der klingende Raum
30 Musikalische Landschaften
35 Würfelspiel
36 Reden oder Schimpfen
37 Tanzende Hände
40 Musikalisches Mandala
41 Der schlittschuhlaufende Filzstift
58 Klangspaziergang durch die Natur
59 Klangspaziergang durch das Haus
61 Die Reise zur Schatzinsel
67 Der Auto-Tanz
69 Aus dem Takt – im Takt
70 Tausendfüßler-Tanz
72 Blindenpolka
73 Limbo
77 Das Haus im Wald
79 Kopf sucht Bauch
89 Der Prophet
94 Die vier Jahreszeiten
96 Musikalische Olympiade
97 Instrumenten-Quartett

12–16 Jahre

14 Lockruf
26 Lebendiges Computerspiel
39 Musik – das bist du selbst
51 Der geheime Rhythmus
62 Der Flipper
63 Grafische Partitur
68 Bezaubernde Disco
78 Musikalische Weltreise
80 Musik mit dem ganzen Körper
93 Weltmusikfestival
100 Musikalisches Quiz